高 等 职 业 教 育 教 材

 责任关怀 系列

社区认知和应急响应

胡 虹 主编　　黄裕娥 副主编

何学军　主 审

化学工业出版社

·北京·

内容简介

《社区认知和应急响应》结合高等职业教育人才培养模式,通过对社区认知和应急响应相关的研究现状和法律法规、"责任关怀"准则及其践行实施、社区认知和应急响应基础知识、安全应急管理体系、应急预案、教育培训、绩效评估等内容的介绍,旨在培养化工专业人才的社会责任感、安全生产意识以及劳动保护能力等职业素养。

本书适合作为高等职业教育生物与化工大类各专业的教材,也可作为职教本科相关专业的教材,还可供相关行业和企业人员参考。

图书在版编目(CIP)数据

社区认知和应急响应/胡虹主编;黄裕娥副主编. —北京:化学工业出版社,2022.8(2025.1重印)
ISBN 978-7-122-42123-4

Ⅰ.①社⋯ Ⅱ.①胡⋯ ②黄⋯ Ⅲ.①社区-突发事件-应急对策-中国 Ⅳ.①D669.3

中国版本图书馆CIP数据核字(2022)第164439号

责任编辑:提 岩 窦 臻
文字编辑:崔婷婷
责任校对:王 静
装帧设计:王晓宇

出版发行:化学工业出版社
 (北京市东城区青年湖南街13号 邮政编码100011)
印 装:北京天宇星印刷厂
787mm×1092mm 1/16 印张11 字数266千字
2025年1月北京第1版第2次印刷

购书咨询:010-64518888
售后服务:010-64518899
网 址:http://www.cip.com.cn

凡购买本书,如有缺损质量问题,本社销售中心负责调换。

定 价:35.00元 版权所有 违者必究

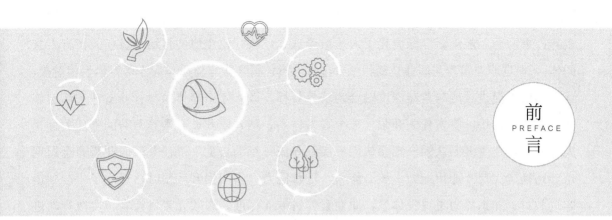

前言 PREFACE

责任关怀理念由国际化学品制造商协会（AICM）倡导并在全球范围内推行，旨在构建社会对化工行业的信任，持续提高健康、安全和环保水平。2002年，由国际化学品制造商协会（AICM）、中国石油和化学工业联合会（CPCIF）签署联合备忘录，联合推广"责任关怀"（Responsible Care）体系。2011年中华人民共和国工业和信息化部发布了化工行业《责任关怀实施准则》（HG/T 4184—2011），要求企业积极实施"社区认知和紧急响应、工艺安全、职业健康安全、产品安全监管、储运安全、污染防治"六大准则，国内规模以上化工企业、园区相继加入责任关怀实施体系，对从业人员的社会责任感、绿色环保意识以及安全生产、工艺控制、劳动保护能力等职业素养提出了更高要求。如何系统性地开展具有责任关怀理念的绿色化工人才培养，为化工行业可持续健康发展提供人才支撑，是当前化工职业教育中面临的重要问题。

责任关怀是针对化工行业的特殊性而提出的一种企业理念。它是一种自发的自律行为，是自愿的承诺，并没有任何人或法律法规的强制，主要是在健康、安全和环保三个方面不断改进其表现。实施责任关怀的企业应充分意识到其对附近社区、社会公众，以及对环境和员工的健康、安全是负有责任的。可持续发展是社会经济发展的基础，也是企业成长不可或缺的一个重要方面。可持续发展旨在平衡当今社会对经济、生态和社会三方面的要求。实施责任关怀的企业，承诺把可持续发展的原则作为企业的主要目标，并致力于实施这一原则。企业绝不能把经济利益凌驾于健康、安全和环保之上，并要确保其实施责任关怀的投入。

在此大背景下，南京科技职业学院在国内院校中率先开展责任关怀促进人才培养质量提升的探索与实践，近年来在全国责任关怀院校工作组和国家示范性职教集团范围内，牵头开展责任关怀引领化工人才高质量培养研究，提出"重责任、懂关怀，强技能、高素养，善沟通、能创新"绿色化工人才培养理念，政行校企协同打造"责任关怀育人共同体"，促进职业素养与职业技能相融合，实现责任关怀实施体系与人才培养体系相对接，逐步形成以促进技能与素养深度融合为培养目标，以人才培养体系与行业责任关怀实施体系对接为抓手，将责任关怀融入三全育人体系、纳入职业核心素养范畴的责任关怀育人体系，构建"准则认知－理念认同－实践养成－行动自觉"责任关怀职业素养全周期培养路径，实现"通用能力、核心能力、迁移能力"贯通提升。同时，形成了"准则内容进教材、知识能力进课程体系、职业素养进专业标准、思政元素进课堂、实践行动进校园文化"的"责任关怀五进"机制和师资队伍、教学资源、教学过程"责任关怀三融合"模式。

为了更好地实现以专业对接产业，在落实责任关怀基础工作下，促进化工企业自觉履行安全环境管理责任，提升责任关怀认知度，我们结合高等职业教育人才培养模式，以"能力培养"为导向，组织编写了本书。希望通过对社区认知和应急响应相关的研究现状和法律法规、"责任关怀"准则及其践行实施、社区认知和应急响应基础知识、安全应急管理体系、应急预案、教育培训等内容的介绍，对化工专业人才的社会责任感、安全生产意识、劳动保护能力等职业素养的培养起到重要的促进作用。

本书由南京科技职业学院胡虹主编、黄裕娥副主编，何学军主审。黄裕娥编写了第一章、第五章；陈琳编写了第二章；周鑫编写了第三章、第四章、第六章；李连地、郑根武、胡瑾补充了部分内容，童阜广提供了部分图表。全书由胡虹进行整体内容设计并完成统稿。

限于编者的学术水平和编写时间，书中不足之处在所难免，敬请广大读者批评指正。

编者

2022 年 5 月

目录 CONTENTS

第一章 社区认知和应急响应概述 …………………………………… 001

 第一节 概述 ……………………………………………………… 001
  一、社区认知与应急响应概念 ………………………………… 001
  二、企业与社区的关系 ………………………………………… 001
  三、企业与社区的相互作用 …………………………………… 003

 第二节 企业安全生产与应急响应管理机制 …………………… 005
  一、应急响应管理研究现状 …………………………………… 005
  二、应急响应管理体系 ………………………………………… 006
  三、应急管理法制 ……………………………………………… 007

 第三节 企业事故实例 …………………………………………… 010
  一、化工园区与化工集中区域 ………………………………… 011
  二、案例 1——"3·21"特别重大事故 ……………………… 011
  三、案例 2——"8·12"天津港事故 ………………………… 013

 本章小结 …………………………………………………………… 014
 拓展阅读 …………………………………………………………… 014
 思考题 ……………………………………………………………… 016
 练习题 ……………………………………………………………… 016

第二章 基于"责任关怀"的社区认知和应急响应 ………………… 017

 第一节 概述 ……………………………………………………… 017
  一、化工企业实施社区认知和应急响应的必要性 …………… 017
  二、我国社区认知和应急响应的准则目标 …………………… 018
  三、《社区认知和应急响应实施细则》编制背景 …………… 019

第二节 《社区认知和应急响应实施细则》主要内容 ……………… 019
　　一、领导与承诺 ……………………………………………………… 020
　　二、组织与职责 ……………………………………………………… 020
　　三、教育与培训 ……………………………………………………… 021
　　四、社区认知 ………………………………………………………… 021
　　五、应急准备 ………………………………………………………… 022
　　六、应急响应 ………………………………………………………… 022
　　七、绩效评估与持续改进 …………………………………………… 023
第三节 我国社区认知和应急响应发展现状 ………………………… 023
　　一、我国责任关怀发展历程 ………………………………………… 023
　　二、我国社区认知和应急响应实施情况调查 ……………………… 024
本章小结 …………………………………………………………………… 026
拓展阅读 …………………………………………………………………… 026
思考题 ……………………………………………………………………… 028
练习题 ……………………………………………………………………… 028

第三章 安全应急管理体系 …………………………………………… 029

第一节 化工企业安全应急管理概况 ………………………………… 029
　　一、化工行业事故统计 ……………………………………………… 029
　　二、化工生产安全事故的特点 ……………………………………… 029
　　三、化工企业安全应急管理存在的问题 …………………………… 031
第二节 化工园区安全生产管理 ……………………………………… 032
　　一、化工园区安全生产管理概况 …………………………………… 032
　　二、化工园区安全生产管理体制 …………………………………… 033
　　三、化工园区应急联动机制 ………………………………………… 035
第三节 企业安全生产管理 …………………………………………… 037
　　一、企业安全生产管理体制 ………………………………………… 037
　　二、企业安全生产规章制度 ………………………………………… 040
第四节 企业应急准备 ………………………………………………… 041
　　一、应急管理培训 …………………………………………………… 041
　　二、应急演练 ………………………………………………………… 042
　　三、应急保障物资 …………………………………………………… 044
　　四、应急救援队伍 …………………………………………………… 045
　　五、安全生产专项资金 ……………………………………………… 046
本章小结 …………………………………………………………………… 047
拓展阅读 …………………………………………………………………… 048

- 思考题 ··· 050
- 练习题 ··· 050

第四章 应急预案编制要点 ··· 051

第一节 编制应急预案的目的、步骤 ································· 051
- 一、应急预案的种类和功能 ·· 052
- 二、应急预案体系设计的主要原则 ································ 053
- 三、编制应急预案的步骤 ·· 054

第二节 危险源辨识和脆弱性分析 ···································· 056
- 一、危险源辨识 ·· 057
- 二、脆弱性分析 ·· 058

第三节 综合应急预案的编制要点 ···································· 061
- 一、编制要素 ··· 062
- 二、应急资源调查评估 ··· 063
- 三、应急组织与职责 ·· 069
- 四、事件分级与响应分级 ·· 073
- 五、应急响应程序 ··· 075

第四节 专项应急预案的编制要点 ···································· 079
- 一、编制要素 ··· 079
- 二、专项应急预案编制要求 ·· 080
- 三、专项应急预案的类型 ·· 080

第五节 现场处置方案的编制要点 ···································· 082
- 一、编制要素 ··· 082
- 二、现场处置方案编制要求 ·· 083
- 三、常见现场应急处置措施 ·· 084

第六节 应急预案实例 ·· 086
- 一、综合应急预案 ··· 086
- 二、专项应急预案 ··· 095
- 三、现场处置方案 ··· 108

- 本章小结 ··· 113
- 拓展阅读 ··· 114
- 思考题 ·· 116
- 练习题 ·· 116

第五章 教育与培训 ··· 118

第一节 教育与培训概述 ··· 118

一、教育与培训目的 …………………………………………………………… 118
　　二、教育与培训意义 …………………………………………………………… 119
　　三、教育与培训价值 …………………………………………………………… 121
　　四、教育与培训对象 …………………………………………………………… 121
第二节　教育培训内容 ………………………………………………………………… 122
　　一、安全名词篇 ………………………………………………………………… 122
　　二、安全警句篇 ………………………………………………………………… 124
　　三、安全歌谣篇 ………………………………………………………………… 126
　　四、安全常识篇 ………………………………………………………………… 127
　　五、消防知识篇 ………………………………………………………………… 128
　　六、劳动防护用品篇 …………………………………………………………… 130
　　七、危险化学品篇 ……………………………………………………………… 135
　　八、安全管理篇 ………………………………………………………………… 137
第三节　安环健教育培训规范 ………………………………………………………… 139
　　一、《中华人民共和国安全生产法》教育培训规定 ………………………… 139
　　二、教育培训典型做法 ………………………………………………………… 139
　　三、教育培训总体思路 ………………………………………………………… 140
　　四、教育培训管理要求 ………………………………………………………… 142
本章小结 ………………………………………………………………………………… 146
拓展阅读 ………………………………………………………………………………… 146
思考题 …………………………………………………………………………………… 148
练习题 …………………………………………………………………………………… 148

第六章　绩效评估与持续改进 ……………………………………………………… 149

第一节　绩效评估基本理论 …………………………………………………………… 149
　　一、绩效的概念及其特征 ……………………………………………………… 149
　　二、绩效评估的内涵 …………………………………………………………… 151
　　三、相关理论方法 ……………………………………………………………… 152
第二节　建立绩效评估机制 …………………………………………………………… 153
　　一、绩效计划（plan） ………………………………………………………… 155
　　二、绩效沟通与辅导（do） …………………………………………………… 155
　　三、绩效评估（check） ………………………………………………………… 156
　　四、绩效反馈与结果运用（action） …………………………………………… 157
第三节　绩效评估方案设计 …………………………………………………………… 158
　　一、评估对象 …………………………………………………………………… 158
　　二、评估内容 …………………………………………………………………… 158

三、评估标准 ··· 158
　　四、评估流程 ··· 159
　第四节　案例分析 ··· 159
　　案例 1　HEMPEL 公司 KS 工厂安全绩效实施情况 ························· 159
　　案例 2　天原集团安全管理绩效评价指标体系 ····························· 162
　本章小结 ··· 163
　拓展阅读 ··· 164
　思考题 ·· 164
　练习题 ·· 165

参考文献 ·· 166

第一章 社区认知和应急响应概述

第一节 概述

一、社区认知与应急响应概念

1. 社区的概念

社区是社会的"细胞",是城市化的浓缩单位。它以人口、资源、环境的最佳集聚效应,积极地推动城市现代化质量的提高,社区也是人们利益的共同体。

2. 社区认知的概念

社区认知是指社区内公众对周边企业,尤其对化工企业相关信息的认识、了解过程及获取信息的渠道与方式。

3. 应急响应的概念

应急响应是指企业在遇到突发事件或事故时所采取的应急程序、应急措施和应急行动。

应急管理是指在突发事件的事前预防、事发应对、事中处置、事后恢复过程中,通过建立必要的应对机制,采取必要措施,应用各类手段,保障人民的生命、健康,保护财产安全的有关活动。

4. 社区认知与应急响应准则

让化工企业的紧急应变计划与当地社区或其他企业的紧急应变计划相呼应,进而达到相互支持与帮助的功能,以确保员工及社区民众的安全。

二、企业与社区的关系

企业在本质上是一个以追求利益最大化为目标的经济组织。因此,企业的活动大多紧密围绕创造利润这个核心。但企业作为社会系统的一个组成部分,其行为不是孤立的,包括社区在内的利益相关者对企业的经营绩效有重大的影响。企业与社区作为两个地理上重合的主体,二者都必须遵守法律底线。

1. 企业与社区的双因子模型

企业作为社区的重要组成部分,享受社区的种种条件,也对社区产生种种影响。企业与社区存在着政治、文化、经济与法律层面的双向互动交流,其互动交流的状况、企业对互动交流管理的绩效,又取决于三个因素:企业因素 E、社区因素 C 和其他因素 O。这些因素共同构成了企业的社区关系管理三维绩效函数:

$$Y=f(E, C, O)$$

Y 表示企业社区的管理绩效,$f(\ )$ 表示函数关系。

图 1-1 为企业与社区的双因子模型。

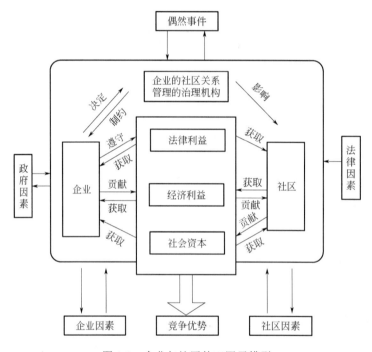

图 1-1　企业与社区的双因子模型

2. 企业与社区之间的法律关系

现代社会是法治社会,不同利益主体之间的关系在一定程度上都上升为法律关系,由法律进行调节。同时,法律在很大程度上构成了包括企业在内的社区主体行为的底线标准,并以国家强制力保证实施。

(1) 企业承担保护社区环境的义务　企业作为社区的嵌入者,对社区的义务主要体现在环境义务方面。例如《中华人民共和国大气污染防治法》第八十二条规定:禁止在人口集中地区和其他依法需要特殊保护的区域内焚烧沥青、油毡、橡胶、塑料、皮革、垃圾以及其他产生有毒有害烟尘和恶臭气体的物质。

(2) 法律保护企业对社区的捐赠　企业作为社会的嵌入者,其对社区的捐赠行为在世界各国近几十年都予以保护,并开始立法对其进行鼓励。在中国,按照《中华人民共和国企业所得税暂行条例》《中华人民共和国企业所得税暂行条例实施细则》的规定，在计算企业应税所得额时，纳税人用于公益、救济性的捐赠，在年度应税所得额3%以内的部分，准予扣除。

3．企业与社区之间的经济关系

企业总是存在于一定的社区之中，这种地理上的重合决定了企业与社区之间的经济关系是多维的。

（1）企业与社区之间的人员交流　由于企业总是存在于一定的社区之中，出于各种成本（企业的雇佣成本、员工的交通成本等）的考虑，一般都存在着企业与社区之间高强度的人员交流。这种交流体现在两个方面：企业的普通员工、企业的高级管理人员。

（2）企业与社区之间的生产性要素交流　企业作为社会系统的一个组成部分，生产经营活动要与外界发生大量的联系。在同等情况下，由于社区存在着成本优势和企业与社区之间事实上存在的重复博弈的机制，企业一般更愿意从当地社区进行购买，从而形成企业与社区之间的生产性要素交流。这种要素交流是双赢的，企业在保证质量、节省成本的同时，也提高了当地社区的就业和收入。

（3）社区影响企业产品的销售　对企业而言，社区除了供给生产要素以外，还在相当程度上是以消费者的身份存在的。由于企业与社区之间事实上存在的重复博弈的机制，决定了社区对企业产品销售的影响是直接而深远的。

（4）企业对社区的慈善活动　企业的慈善活动主要有四种方式：现金捐赠、志愿行为、实物捐赠及非商业性项目。从企业竞争力的角度来讲，企业对社区的慈善活动可以为企业带来好的社会形象，也可以直接或间接地为企业带来效益。

4．企业与社区社会文化关系

企业与社区在地理上的重合导致了大量的人员交流，与人员交流相对应的是企业与社区之间存在着大量的文化交流。

（1）社区文化对企业有着极为重要的影响　企业作为一个开放的社会系统，与社区发生着全方位的交流关系。作为社区的嵌入者，社区文化不可避免地对企业产生极为重要的影响。特别是大多数企业普通员工都居住于社区之中，其在工作之外所受影响而形成的文化特质会不可避免地带到企业之中，并成为企业文化的一个重要先天性因素。

（2）企业也影响着社区文化　企业员工在长期工作实践中，共同的背景容易形成相互认可的文化习惯。这些员工在特定区域的集中居住，又将这些文化习惯变成社区文化的重要组成部分。员工在提到自己所属的社区时，都习惯称其为"咱厂"或"我们厂"。

（3）社会文化交流与社会资本　特定的文化传统塑造了人们之间特定的信任关系，造就了不同的社会资本，进而决定了各类社会经济组织的格局和社会经济总体发展状况。反过来，社会经济组织运行中产生的社会伦理又会反作用于社会资本，巩固原有的文化传统，进一步影响经济发展。

三、企业与社区的相互作用

企业与社区的相互作用体现在两者之间利用各自资源的特性，是在双赢的基础上进行的广泛沟通。表1-1为企业与社区的相互作用。

表 1-1 企业与社区的相互作用

社区为企业提供	企业为社区提供
更好的声誉与企业形象	工作机会、工作经验和技能培训
社会的"经营认可"	社区投资，发展基础设施
共享当地的知识与劳动力	商业技能
更高的安全系数	（为来自社区的员工）独特的技能
更好的社会经济环境和基础设施	商业活动的领导者和促进者
吸引并保持高水准的独特商业氛围	
高质量的经营场所、供应商、服务商和可能的消费者	
企业创新"学习实验室"	

企业与社区的相互作用是在特定的环境中发生的，环境（如政府、法律等）对其有重要影响。因此，环境在相当程度上直接决定了企业与社区的相互作用的内容与方式。图 1-2 为企业与社区的相互作用机理。

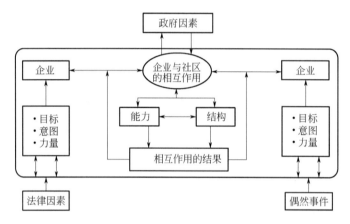

图 1-2 企业与社区的相互作用机理

1. 社区对企业的影响

社区与企业在地理上的重合和消费功能决定了社区对企业的影响主要体现在规范企业经营行为、提供资源和资本等方面。

（1）社区是有效的外部治理机制 社区成员依托社区获取的长期收益大于其离开社区的短期收益，社区成员必须充分留意自己的行为对社区集体利益的影响，以免受到社区的排斥，因此社区可以有力约束其成员的行为。社区透明度高，信息不对称程度低，是一种有效率的约束机制。社区成员越容易了解其他成员，成员的信息在社区中传播越广，社区成员越注意自己的行为对他人和社区集体利益的影响；在社区中，其他成员的行为、价值观念等因素也会影响特定成员的行为。

（2）社区对企业创新的重要作用 社区（居民）为企业的大规模生产提供必要的支持，企业参与包括社区在内的社会项目，可以发现社会问题，而社会问题本身在很大程度上也是经济问题（机会）；受到优良教育的孩子能成为未来技能优秀的工人，从而有效地降低失业率。

2. 企业对社区的影响

与社区对企业的影响相对应，企业对于社区发展承担十分重要的责任，结合企业与社区的基本关系，企业对社区的影响主要体现在以下两个方面。

（1）企业通过提供就业机会、进行社区投资的方式促进社区经济发展　经济责任是企业对社区所承担的底线责任，也是某种程度上最为重要的责任。经济责任意味着企业在从事生产经营活动过程中，要尽量扩大其对当地社区的贡献。

（2）充当商业活动的领导者和促进者　通过影响社区的商业精神的方式，促进社区商业的发展。企业与社区紧密联系，企业的商业文化容易通过员工影响到社区其他成员，进而形成深受企业商业文化影响的社区商业文化。显然，这对于促进社区的商业活力是极为有益的。

第二节　企业安全生产与应急响应管理机制

安全生产事故是指生产过程中发生的由于客观因素的影响导致人员伤亡、财产损失及技术功能丧失或减弱的灾害性事件。安全生产事故应急响应管理是指为了控制生产事故的势态进一步恶化和减少事故造成的直接或间接损失，在安全生产事故发生前，制定应急管理制度和编制应急预案，在安全生产事故发生后，进行应急预案的选择与动态调整、应急资源的配置与调度、事故现场的指挥及事后的应急绩效管理。

一、应急响应管理研究现状

1. 国外应急响应管理研究现状

（1）美国　美国的应急管理在灾害中不断发展完善。1979年，联邦紧急事务管理局的成立，标志着美国现代应急管理机制的正式建立。2001年"9·11"事件及2005年"卡特里娜飓风"事件，引起了美国各界对公共安全体制和自然灾害应对的重视与反思，促使美国成立了国土安全部。经过对应急功能的重新设计、对应急法治体系的不断完善，美国形成了统一管理、属地为主、分级响应、标准运行的应急管理体系。

2017年10月，美联邦政府发布了第三版《全国突发事件管理系统》。作为突发事件管理相关机构协调合作、资源共享的基础，该系统可以协调各层级政府、非政府组织和私营部门来开展应急救援，稳定事件形势，保护环境和生命、财产安全。

2018年发布的《FEMA战略规划（2018—2022）》，展示了2018—2022年美国应急管理的工作方向和整体方案，强调了抗灾韧性的概念，把工作重点放在提升系统受到外界冲击后维持、恢复和优化系统安全状态的能力上，提出了营造灾害预防文化氛围、做好灾害应急准备工作、简化灾后恢复流程三项战略目标，并根据不同目标提出了多项具体举措。

（2）日本　日本地处太平洋环火山地震带，自然灾害频发。在与灾难长期的抗争过程中，日本综合性防灾减灾对策机制日趋完善。

作为最早制定灾害管理基本法的国家，日本有着非常庞大、细致的防灾减灾法律体系，各类应急管理法律法规多达200余部。日本的应急系统是建立在发达的信息传递系统之上的，日本政府建立了覆盖全国、功能完善、技术先进的防灾通讯网络，开发了灾害信息系统（Disaster Information System，DIS），一旦发生灾害或事故，该系统将立刻对信息进行分类收集和统计分析，并将有关信息发送到各防灾中心。受灾害或发生事故地区的应急指挥部将根据这些信息对灾害或事故进行分析研判，制定紧急应对措施，召集相关领域的应急指挥人员，开展应急指挥活动。日本"综合参与型"的应急管理体系，强调政府以外的组织和公众共同参与应急管理工作。在日本政府对应急文化的大力推动下，"自己的生命自己保护""我们的城市我们保护"的理念在公众中得到了推广和深入，日本公众具备了基本的抗灾自救应急知识和求生技能，为应急管理的综合参与提供了保障。

2. 国内应急响应管理研究现状

起初，我国对应急管理的研究集中在灾害方面。2003年，"非典"事件推动了我国应急管理的研究，促使我国形成了以"一案三制"（即：应急预案体系、应急管理体制、运行机制和有关法律制度）为核心的应急管理体系。党的十八大确立了新时代应急管理的指导思想，构建了中国特色应急管理制度，我国应急管理发生历史性变革。目前，我国形成了以"统一领导、综合协调、分类管理、分级负责、属地管理"为原则，以70余部应急管理法律法规为法制基础，以550余万件应急预案为应急指导，具有中国特色的应急管理体系。

发达国家在安全生产和应急管理上，有着较丰富的经验和先进的管理水平，其完善的法律体系、发达的保险体系以及信息化、机械化、自动化等先进技术的广泛应用值得借鉴。我国安全生产和应急管理工作虽然起步较晚，但在党和国家的高度重视和持续推进下，已经形成了具有中国特色的安全生产应急管理体系，社会安全生产水平、政府应急管理能力不断提高。

二、应急响应管理体系

1. 关于应急管理体系

不同类型的应急管理体系的主要区别在于其组织模式的不同，具有代表性的有以下三种类型。

（1）高度集中管理体系　主要体现在国家层面上的高度集中，成立专门负责规划、下调应急救援工作的政府部门，该部门直接对国家最高领导人负责，具有应急救援资金分配、应急救援规划、制订应急救援发展计划、全面协调重大应急救援工作等职责，其工作的范围涉及事故灾难、自然灾害、社会安全和公共卫生等领域的重大突发事件。美国、俄罗斯、新西兰、加拿大、新加坡等为此类。该类应急管理体系强调层层负责、分工协作的应急机制建设。

（2）相对集中管理体系　国家设有专门的应急机构，用以协调及负责重大事故、重大突发事件和自然灾害的处理，具体应急救援行动由不同部门负责。英国、韩国、日本、法国、西班牙、意大利、墨西哥等为此类。该类应急管理体系注重灾害防范知识的普及和预测预警机制建设。

（3）分散管理体系　在国家层面没有专门的常设机构，应急管理和处置以地方政府或国家有关部门为主，各地、各有关部门按照相关法律法规和应急预案维系应急机制的畅通。瑞士为此类。该类应急管理体系强调社会力量动员与参与机制建设。

2. 应急管理机制

应急管理机制是指在突发事件应急管理过程中，各种制度化、程序化的应急管理方法与措施，涵盖了突发事件发生、发展和变化的全过程。在《国务院关于全面加强应急管理工作的意见》中明确提出，构建统一指挥、反应灵敏、协调有序、运转高效的应急管理机制。我国目前已初步建立了事前、事中、事后的相关应急机制，实现了从突发事件预防、处置到善后的全过程规范化流程管理。我国的应急管理机制主要有如下四种。

（1）"预防为主"应急管理机制　应急管理的措施通常包括两类：第一类是在计划时应考虑到某些事故发生的可能性而使计划具有一定柔性和稳定性；第二类是在事故发生时的实时应对决策和运作。应急管理流程中，事故预测、事故管理准备、识别事故危机、隔离事故危机四个流程属于第一类，这是一种事前的预防性应急管理机制。

（2）"以结果为导向"应急管理机制　首先要强调的一个要素就是站在结果的角度思考问题，这是结果导向的核心。一个完整的对事故的应急管理流程包括灾害预测、灾害管理准备、识别灾害危机、隔离灾害危机、管理灾害危机以及处理善后等几个主要环节。在这些环节中，应该注重组织目标和使命，即结果是让灾害的损失减少到最小。在制定应急流程时要从结果导向的两方面含义来考虑：一是以达成目标为原则，不为困难所阻挠；二是以完成结果为标准，没有理由和借口。一切安排、措施需要实时做决策，在制定应急流程时则应明确客观困难和异常情况，在结果导向面前，只有一个简单的结果，即组织目标达到了没有。

（3）基于系统控制的应急管理机制　强调在事故应急管理过程中要从发展战略再定位的角度出发，从基于系统的而不是枝节的、基于全过程的而不是片段性的、基于战略的而不仅仅是战术的角度去考虑问题。建立系统控制的应急管理机制需要战略能力、发展能力、过程能力（包括预防、准备、应急、恢复）三个方面。

（4）"管控一体化"应急管理机制　"管控一体化"就是通过自动化手段，进行数据信息采集，通过对数据的加工处理、分析预测，形成决策意见，通过自动调节实现控制的整体解决方案。通过"管控一体化"，不仅可以有效地控制成本创造效益，而且更重要的是能够进行灾害的预防和控制。"管控一体化"实现了数据的自动采集，比传统的人工方式更快捷、更准确，而且避免了一些不法分子故意歪曲、隐匿安全数据的情况，真正实现了安全生产的实时监控和应急管理的实时指挥。"管控一体化"的应急管理机制还能对每个企业的安全生产状况作出客观评估，为政府主管部门安全生产管理提供参考。

三、应急管理法制

应急管理法制是指应急管理相关的法律、法规和规章，其核心和主干是宪法中的紧急条款以及统一的突发事件应对法或紧急状态法。应急管理法制作为中国特色社会主义法律体系的基本组成部分，是针对突发事件引起的公共紧急情况而言，一个国家或地区如何处理国家权力之间、国家权力与公民权利之间、公民权利之间的各种社会关系的法律规范和原则的总称。应急管理法制建设关乎国计民生，它作为应急系统的重要组成模块，对各类突发事件的应对进行规范，以法律手段保障各项应急管理工作的有效、有序进行，以此来增强全社会抵御突发事件的能力，减少突发事件对社会造成的危害。

应急管理法制是一项宏大的社会系统工程，从制度运作的角度可将其看作是一个动态运行过程，主要包括公共应急管理法制的立法、执法、守法和司法等制度环节。新中国成立以来，党中央、国务院和各级地方政府不断制定和实施应急管理相关的法律、法规，这些法律、法规也在实践中不断地被检验着，并不断地进行修改和完善。目前，我国已基本形成以《中华人民共和国宪法》为应急管理根本法，《中华人民共和国突发事件应对法》为应急管理基本法，《中华人民共和国消防法》等 70 余部法律、法规为应急管理单行法，其他相关法律、法规、规章、条约、公约、协定为应急管理相关法，包括《国家自然灾害救助应急预案》等 550 余万件应急预案在内的应急管理法律规范体系。

1. 前三十年的不断探索（1949—1978 年）

我国幅员辽阔、人口基数大，且为发展中国家，突发事件发生频率高、分布地域广、灾害损失重。新中国成立初期，生产力水平低下，社会经济发展缓慢，可谓是百废待兴，各个领域都处于起步且在不断摸索时期。我国应急管理法制建设发端于 20 世纪 50 年代，1950 年第一部法律《中华人民共和国婚姻法》诞生，1954 年通过《中华人民共和国宪法》，社会主义法制建设不断开始编制和完善，并逐步走向正轨。

早期我国灾害种类相对来说比较单一，大体以地震、洪涝、泥石流等自然灾害事件和以天花为代表的公共卫生事件为主，法制建设则为初创阶段，各项法律、法规和规章不健全。对于自然灾害而言，党中央和国务院陆续建立农业部、水利部、林业部等专业性防灾减灾机构来应对和处置；对于公共卫生事件，国家建立卫生部等机构，并逐步建构和完善医疗体系。公共卫生事件中最为典型的当属天花病毒，新中国成立初期肆虐全国，1950 年中央政府发布《关于发动秋季种痘运动的指示》，卫生部也公布《种痘暂行办法》，规定凡中国境内公民必须依此规定种痘，到 1952 年，全国接种牛痘人数已达 5 亿多，随后此类病毒被彻底消灭，可见应急管理法制的建设对于公共卫生事件处置工作的重要性。但总体来讲，新中国成立初期对于突发事件的应急处置工作，主要还是以"就事论事""一事一议"的形式展开，条块分割非常明显，部门之间各自为政，突发事件应急效率非常低下，且主要以灾后的处置救援和恢复重建为主，造成资源的大量浪费和应急效率的严重低下，应急能力亟待提高。

2. 改革开放后的大发展（1978—2002 年）

改革开放以来，我国对内改革、对外开放，生产力得到了很大的发展；但与此同时，致灾因子不断增加，突发事件呈现出复合叠加性，重大自然灾害、严重人为事故、经济危机等各种因素随时出现，甚至多种致灾因素相互叠加在一起，严重影响着人们的生命安全、经济的平稳发展和社会的安定繁荣。1982 年，《中华人民共和国宪法》的颁布和实施，真正为我国应急管理法制的建立奠定了宪政基础。1989 年 4 月，中央政府积极响应"国际减轻自然灾害十年"决议的号召，成立了专业性防灾减灾机构——中国国际减灾十年委员会。1994 年 3 月，中国政府颁布《中国 21 世纪议程》，专门用一章节讲述防灾减灾的体系建设，从提高政府应对自然灾害的能力、加强防灾减灾体系建设等角度去讲述防灾减灾的总体规划，为国家应对突发事件提供了顶层设计和行动纲领。

总体来看，20 世纪 80 年代到 21 世纪初，党中央和国务院高度重视防灾减灾救灾工作的法制建设，在结合我国突发事件的特征，总结过去防灾减灾工作的基础上，先后颁布和实施了诸如《中华人民共和国传染病防治法》《中华人民共和国动物防疫法》《中华人民共和国防沙治沙法》《中华人民共和国海上交通安全法》《中华人民共和国矿山安全法》《中华人民共和国防洪法》《中华人民共和国安全生产法》《破坏性地震应急条例》等在内的一大批应急管理单行性法律、法规，应急管理法制建设在这一时期得到了较快完善。

3. 重大公共卫生事件的考验（2002—2008年）

2002年，我国出现重大突发公共卫生事件——非典型病原体肺炎疫情（"非典"），其产生的负面影响随后波及社会、经济等各个领域。这次疫情暴露出我国在公共卫生医疗水平及防控领域存在很多不足，应急管理工作随即得到党中央和国务院的高度重视，"一案三制"体系正式确立并开始构建；同年5月，国务院颁布和实施《突发公共卫生事件应急条例》。2004年5月，国务院颁布了《国务院有关部门和单位制定和修订突发公共事件应急预案框架指南》，并要求各省、自治区和直辖市编制突发公共事件总体应急预案；同年颁布《全面推进依法行政实施纲要》，明确提出国家要建立健全各种预警和应急机制，将应急管理全面纳入了依法行政领域。2005年，国务院陆续发布《军队参加抢险救灾条例》和《重大动物疫情应急条例》，为突发事件的应急处置及灾后的恢复重建工作提供了重要的救援队伍支撑和法制依据。2006年，国务院成立应急管理办公室，统筹全国各类突发事件的应急处置工作，发布并实施《国家突发公共事件总体应急预案》；与此同时，各级地方政府和企业的突发公共事件总体应急预案编制工作也已进入尾声。自此，我国初步建成完备的突发公共事件应急预案体系。

2007年以前，我国的法律、法规针对应急管理法制建设来讲，大都为单行性的，其他相关法律中涉及应急的条款，大体也都是针对某一类突发事件的具体环节所制定的。如果说2003年"非典"疫情给我们打了一针"清醒剂"，使得我们意识到在应急管理领域的法律存在不足，并开始逐步完善我国应急管理的法律体系框架，那么2007年出台的《中华人民共和国突发事件应对法》就是我国应急管理法制建设的重大迈步，因为其涉及应急管理的概念界定和针对突发事件给出的处置规范是其他相关法律不可比拟的。这一时期，国内各类突发事件都呈现出一系列突出矛盾和亟待解决的问题，完善应急管理法制建设刻不容缓。它的出台，为中国突发事件事前、事发、事中和事后的全流程应急管理工作提供了重要的立法保障，无论是对于某一类突发事件还是对于相互交叉重叠的突发事件来进行处置，都变得真正有法可依，自此，中国应急管理体系基本形成。

4. 重大自然灾害的考验（2008—2012年）

随着城市化、信息化的飞速发展，国内社会出现很多不确定因素和未知的风险，突发事件多发、频发、交织叠加。继"非典"之后，2008年国家又发生了汶川地震，这起重大自然灾害对国内社会、经济和政治等各个领域造成了巨大的影响，但也推动了国内应急管理理论与实践的较快发展。党中央和国务院在地震发生后的第一时间，迅速调动军队和社会力量支援汶川，并对应急物资进行统一调度，全国人民众志成城，万众一心。不到一个月的时间，国务院就发布了《汶川地震灾后恢复重建条例》，以此来保障灾后的各项工作正常有序开展，促进灾区经济社会的恢复和重构。2009年5月，正值汶川地震发生一周年，中国政府发布首个防灾减灾白皮书《中国的减灾行动》，此次白皮书的发布意义重大，它对我国减灾的法制、机制和体制建设做了细致介绍，使得我们可以清楚地了解到当时我国社会自然灾害现状及应急管理体系的构成。

重特大突发事件，严重危害着人们的生命健康安全和经济的平稳发展，同时也推动着应急管理相关法律、法规的较快更新和完善。新中国成立以来，在应对突发事件的实践中，随着科技的飞速进步和法律的不断健全，国内各种应急资源和力量不断得到共享，使针对国内四大类突发事件的预防与应急准备、监测与预警、应急处置与救援、恢复和重建等工作变得不断敏锐和高效起来，从而使得损失越来越小，我国的应急管理能力得到了很大的提升。

5. 应急综合治理的新局面（2012 年至今）

2012 年以来，我国应急管理法制建设进入综合治理的全新局面。在十八大报告中，以习近平同志为核心的党中央领导集体提出国家治理体系和治理能力现代化的战略目标。2013 年在党的十八届四中全会上，习近平总书记对全面依法治国做出一系列重要部署，为我国应急管理法制建设提供了顶层设计；同年10月，国务院办公厅颁布《突发事件应急预案管理办法》，为加强我国应急预案的编制工作，增强应急预案的针对性、实用性和可行性提供了指导依据。2014 年，习近平总书记提出总体国家安全观的理念，为中国特色的国家安全道路指明了前进方向，强调全民要增强忧患意识，做到居安思危。这一系列的制度安排和战略选择，为我国综合应急管理指明了前进方向，同时为我国应急管理法制体系的建设提供了强劲动力。

十九大报告提出防范和化解重大风险为决胜全面建成小康社会三大攻坚战中的首要战役，描绘了 2035 年基本建成法治国家、法治政府的宏伟蓝图。2018 年 3 月，国家机构改革设立应急管理部，系统性地重构了应急管理体系，整合 11 个部门的 13 项职责，设置 22 个机关司局、1 个派驻机构、5 个部属单位、5 个国家级议事协调机构。将常态管理与非常态管理结合，统筹国家应急力量建设和应急物资储备，对应急骨干力量进行集中管理和领导，并在国家出现突发事件时，对人力、物力、财力进行集中统一调度。任何事物的发展都是一个循序渐进的过程，突发事件前期的监测、预警、预防和准备尤为重要，应急管理部出台《生产安全事故应急条例》，重点讲述突发事件事前的应急准备和救援的具体程序和措施，大大规范了针对生产安全事故的应急立法工作。2020 年 6 月 7 日国务院发布白皮书——《抗击新冠肺炎疫情的中国行动》，以官方文件的形式细致介绍了中国疫情防控和救治的艰辛历程，虽不属于确切的法制范畴，但是为我国应急管理法制建设提供了重要的参考依据。我国应急管理法律体系建设进入了一个全新的阶段。

新中国成立以来，应急管理法律体系在实践中不断地被检验着。新时期，各种灾害和风险相互交织，社会面临一系列亟待解决的问题，跨国疫情、自然灾害、重大安全生产事故、经济危机、局部暴乱与冲突等突发事件都可能随时出现，并严重危害着人们的生命健康安全和经济的平稳发展。在实施依法治国方略、全面推进依法行政的新时期下，我们要依照相关法律法规建立健全应急预案体系和开展应急演练工作，并在实践中不断修改和完善应急管理法制，把法治精神贯穿于应急管理工作的全过程，把突发事件应急管理系统全面纳入法制化、规范化、制度化的轨道上来，以此来更好地防范和化解突发事件，促进国民经济平稳健康发展。

第三节　企业事故实例

中国建立了越来越多的化工园区。这些化工园区对促进地方经济发展和中国石化产业的进步起到了巨大作用，但化工园区事故引起的安全问题也越发引起了人们的重视。在化工园区内,其化工产业中的原料、中间产物和产品,大多数是具有易燃、易爆、有毒或燃烧时释放出有毒烟雾等性质的危险化学品,导致在化工园区内部形成了数量众多且分布密集的危险源。由于化工园区内危险源数量众多且分布密集,事故发生后容易扩散进而导致多米诺效应。多米诺效应会使事故规模迅速扩大,造成更为严重的事故后果。

一、化工园区与化工集中区域

化工园区通常指一个集中了众多化工企业的专门规划的经济区。这些企业间往往有生产关系上的联接,某些企业的产品、中间产物,甚至是需要排放的废料,恰是另一些企业的生产原料。这样,集中于一个化工园区内的企业,就实现了资源、能源的节约与效益的最大化。

化工园区集中区域是指集中存在着众多化工园区的一个较大的地理区域。以中国长三角流域为例,这个区域中包含了江苏、浙江、上海、安徽四个省级行政区。在中国长三角流域的多个城市,尤其是沿江、沿湖、沿海的大城市中,依托当地强大的经济实力和优良的交通条件,建立了数量众多的化工园区。

在化工园区中,各类危险化学品的储存、生产等场所都有可能发生事故,形成了数量众多的危险源。在化学工业生产中,由于对生产工艺、条件等的严格要求,细微的差错即可能导致事故的发生,除了事故容易发生,化工园区中的危险源也往往分布密集,这使得一旦一场事故发生后,极容易蔓延并导致周围的危险源发生二次事故,进而发生更为严重的事故多米诺效应,多米诺效应将使事故造成的损失急剧增加。

二、案例1——"3·21"特别重大事故

2019年江苏响水天嘉宜化工有限公司"3·21"特别重大爆炸事故
——长期违法贮存硝化废料,持续积热升温导致自燃

2019年3月21日14时48分许,位于江苏省盐城市响水县生态化工园区的天嘉宜化工有限公司(以下简称天嘉宜公司)发生特别重大爆炸事故,造成78人死亡、76人受伤、640人住院治疗,直接经济损失198635.07万元。事故调查组认定江苏响水天嘉宜化工有限公司"3·21"特别重大爆炸事故是一起长期违法贮存危险废物导致自燃进而引发爆炸的特别重大生产安全责任事故。

1. 事故经过

事故调查组经调阅现场视频记录等进行分析认定。2019年3月21日14时45分35秒,天嘉宜公司旧固废库房顶中部冒出淡白烟,随即出现明火且火势迅速扩大,至14时48分44秒发生爆炸。事故调查组调取了2019年3月21日现场有关视频,发现有5处视频记录了事故发生过程。

① "6#城区"视频监控显示:14时45分35秒,旧固废库房顶中部冒出淡白烟。
② "新固废库外南"视频监控显示:14时45分56秒,有烟气从旧固废库南门内由东向西向外扩散,并逐渐蔓延扩大。
③ "新固废库内南"视频监控显示:14时46分57秒,新固废库内作业人员发现火情,

手提两个灭火器从仓库北门向南门跑去试图灭火。

④ "6#罐区"视频监控显示：14 时 47 分 03 秒，旧固废库房顶南侧冒出较浓的黑烟。

⑤ "6#罐区"视频监控显示：14 时 47 分 11 秒，旧固废库房顶中部被烧穿，有明火出现，火势迅速扩大。14 时 48 分 44 秒视频中断，判断为发生爆炸。

从旧固废顶中部冒出淡白烟至发生爆炸历时 3 分 9 秒。

2. 事故原因

（1）直接原因　事故调查组通过深入调查和综合分析认定，事故直接原因是：天嘉宜公司旧固废库内长期违法贮存的硝化废料持续积热升温导致自燃，燃烧引发硝化废料爆炸。

经对天嘉宜公司硝化废料取样进行燃烧实验，确认起火位置为天嘉宜公司旧固废库中部偏北堆放硝化废料部位。

事故调查组认定贮存在旧固废库内的硝化废料属于固体废物，经委托专业机构鉴定属于危险废物。

起火原因：事故调查组通过调查逐一排除其他起火原因，认定为硝化废料分解自燃起火。

经对样品进行热安全性分析，发现硝化废料具有自分解特性，分解时释放热量，且分解速率随温度升高而加快。实验数据表明，绝热条件下，硝化废料的贮存时间越长，越容易发生自燃。天嘉宜公司旧固废库内贮存的硝化废料，最长贮存时间超过七年。在堆垛紧密、通风不良的情况下，长期堆积的硝化废料内部因热量累积，温度不断升高，当上升至自燃温度时发生自燃，火势迅速蔓延至整个堆垛，堆垛表面快速燃烧，内部温度快速升高，硝化废料剧烈分解发生爆炸，同时引爆库房内的所有硝化废料，共计约 600 吨袋（1 吨袋可装约 1 吨货物）。

（2）间接原因　天嘉宜公司无视国家环境保护和安全生产法律法规，长期违法违规贮存、处置硝化废料，企业管理混乱，是事故发生的主要原因。

① 刻意瞒报硝化废料。擅自改变硝化车间废水处置工艺，未按规定重新报批环境影响评价文件，也未在项目验收时据实提供情况；通过在硝化废料吨袋上贴"硝化粗品"标签的方式刻意隐瞒公司产生的危险废物。

② 长期违法贮存硝化废料。天嘉宜公司将大量的硝化废料长期存放于不具备贮存条件的煤棚、固废仓库等场所，超时贮存问题严重，最长贮存时间甚至超过 7 年。

③ 违法处置固体废物。多次违法掩埋、转移固体废物，偷排含硝化废料的废水。2014 年以来，8 次因违法处置固体废物被响水县环保局累计罚款 95 万元。曾因非法偷运、偷埋危险废物 124.18 吨，被追究刑事责任。

④ 固废和废液焚烧项目长期违法运行。2016 年 8 月，固废和废液焚烧项目建成投入使用，至事故发生时固废和废液焚烧项目仍未通过响水县环保局验收。

⑤ 安全生产严重违法违规。在实际控制人犯罪判刑不具备资质时，让硝化车间主任挂名法定代表人；实际负责人未经考核合格，技术团队不具备相应管理能力；安全生产管理混乱。在 2017 年因安全生产违法违规，3 次受到响水县原安监局行政处罚。

⑥ 违法未批先建问题突出。2010 年至 2017 年，在未取得规划许可、施工许可的情况下，擅自在厂区内开工建设包括固废仓库在内的 6 批工程。

中介机构弄虚作假，出具虚假失实文件，导致事故企业硝化废料重大风险和事故隐患未能及时暴露，干扰误导了有关部门的监管工作，也是事故发生的重要原因。

三、案例2——"8·12"天津港事故

2015年"8·12"瑞海公司危险品仓库特别重大火灾爆炸事故
——湿润剂挥发散失，硝化棉积热自燃

2015年8月12日，位于天津市滨海新区天津港的瑞海公司危险品仓库发生火灾爆炸事故，造成165人遇难（其中参与救援处置的公安现役消防人员24人、天津港消防人员75人、公安民警11人，事故企业、周边企业员工和居民55人），8人失踪，798人受伤，304幢建筑物、12428辆商品汽车、7533个集装箱受损。截至2015年12月10日，已核定的直接经济损失68.66亿元。本次事故对事故中心区及周边局部区域大气环境、水环境和土壤环境造成不同程度的污染。

经调查认定，天津港"8·12"瑞海公司危险品仓库火灾爆炸事故是一起特别重大生产安全责任事故。

1. 事故经过

2015年8月12日22时51分46秒，位于天津市滨海新区吉运二道95号的瑞海公司危险品仓库（北纬39°02′22.98″，东经117°44′11.64″）运抵区（"待申报装船出口货物运抵区"的简称，属于海关监管场所，用金属栅栏与外界隔离。由经营企业申请设立，海关批准，主要用于出口集装箱货物的运抵和报关监管）最先起火，23时34分06秒发生第一次爆炸，23时34分37秒发生第二次更剧烈的爆炸。事故现场形成6处大火点及数十个小火点，8月14日16时40分，现场明火被扑灭。

事故现场按受损程度，分为事故中心区、爆炸冲击波波及区。事故中心区为此次事故中受损最严重区域，该区域东至跃进路、西至海滨高速、南至顺安仓储有限公司、北至吉运三道，面积约为54万平方米。

2. 事故原因

（1）直接原因　瑞海公司危险品仓库运抵区南侧集装箱内的硝化棉由于湿润剂散失出现局部干燥，在高温（天气）等因素的作用下加速分解放热，积热自燃，引起相邻集装箱内的硝化棉和其他危险化学品长时间大面积燃烧，导致堆放于运抵区的硝酸铵等危险化学品发生爆炸。

（2）间接原因　瑞海公司违法违规经营和储存危险货物，安全管理极其混乱，未履行安全生产主体责任，致使大量安全隐患长期存在。

① 未批先建、边建边经营危险货物堆场。
② 长期违法违规经营危险货物。
③ 以不正当手段获得经营危险货物批复。
④ 违规大量储存硝酸铵。
⑤ 严重超负荷经营、超量存储。

⑥ 违规混存、超高堆码危险货物。
⑦ 违规开展拆箱、搬运、装卸。
⑧ 未按要求进行重大危险源登记备案。
⑨ 缺少安全生产教育培训。
⑩ 未按规定制定应急预案并组织演练。

地方党委、政府和相关部门存在有法不依、执法不严、监管不力、履职不到位等问题。天津市委、市政府和滨海新区区委、区政府未全面贯彻落实有关法律法规，对有关部门、单位违反城市规划行为和在安全生产管理方面存在的问题失察失管；天津交通、港口、海关、安监、规划和国土、市场和质检、海事、公安以及滨海新区环保、行政审批等部门单位，违法违规进行行政许可和项目审查，日常监管严重缺失。

中介及技术服务机构弄虚作假，违法违规进行安全审查、评价和验收等。

本章小结

工业企业社区认知和安全生产事故应急响应的建立是一个复杂的系统工程。要构建合理的信息沟通渠道和应急管理体系，应结合社区认知和应急管理中存在的实际问题，考虑企业与社会的关系、应急管理体系的成长性和可操作性。本章对工业企业社区认知和应急响应管理体系进行了总体介绍，讲解了社区认知与应急响应的基本概念、相互关系和作用，分析了企业安全生产与应急响应管理机制。

应急管理是国家治理体系和治理能力现代化的重要组成部分，应急管理各项工作的开展必须有完善的法律对其进行保障。总结新中国成立以来我国应急管理法制建设的发展脉络，为适应应急管理部成立的新形势，逐步完善应急法律体系，推进应急管理法制与体制、机制有机结合。

最后，本章以案例分析法，针对性地介绍了相关企业事故实例，揭示其问题主要体现在社区认知、沟通不够充分，安全应急响应管理较落后，安全管理意识淡薄等方面。

/ 拓展阅读

应急管理法律体系建设的思考

2007年颁布并实施的《中华人民共和国突发事件应对法》旨在规范突发事件应对活动，这是中国应急管理工作法治化的里程碑。在《中华人民共和国突发事件应对法》实施过程中，我国应急管理体制机制已经发生重大变化。特别是，十九届三中全会明确提出"构建统一指挥、权责一致、权威高效的国家应急体系"。与此同时，作为新一轮党和国家机构改革的重要内容，组建了应急管理部。习近平总书记在2019年11月29日主持中央政治局第十九次集体学习时提出,要发挥我国应急管理体系的特色和优势,借鉴国外应急管理有益做法,积极推进我国应急管理体系和能力现代化。这进一步明确了中国应急管理体系建设的努力方向,为持续完善中国应急管理体制机制提供了工作遵循,需要完善我国的应急管理法律体系以适应新形势新变化。

(1)把应急管理融入国家安全管理法律框架内　近些年主要发达国家都把加强和完善应急管理建设作为提升国家整体安全能力的战略着力点,构建权威高效、平战结合、平灾结合、职责明晰的应急管理组织体系,并纳入国家安全管理的框架成为这些国家行政体制和国家安全制度改革的显著特征。当前,要加强党中央对应急管理工作的集中统一领导,努力构建"统一领导、权责一致、权威高效"的国家应急能力体系,需要把应急管理法律体系建设融入国家安全管理制度框架内,加强应急管理法律体系与国家安全的整体统筹衔接、协调、配合,更好发挥应急管理法律体系在国家安全整体法律框架下的特殊作用。

(2)全面加强党对应急管理工作的统一领导　应急管理与政治制度紧密联系在一起,应急管理工作事关人民生命财产安全和社会稳定,事关经济社会发展大局,是衡量执政党领导力、检验政府执行力、评判国家动员力、体现民族凝聚力的重要方面。加强中国共产党的领导是做好我国突发事件应对的制度保障,也是法律得到有效执行的关键举措。在我国的应急管理法律体系建设中,以习近平新时代中国特色社会主义思想为指导,继续加强和完善党的全面领导,充分发挥党总领全局、协调各方的领导核心作用。这需要在我国的应急管理法律建设中,充分考虑建立健全党对应急管理工作全面领导的体制机制和制度建设,确保将党的领导这一最大的政治优势转化为应急管理的最大效能。

(3)注意加强应急管理全过程的法律制度设计　一是要进一步完善包括预防与准备、监测与预警、应急处置、恢复与重建等各环节的法律制度设计。二是重点研究建立针对重特大突发事件的、规范化的初期快速响应制度。三是要加快完善突发事件指挥领域的法律制度设计,比如,在《中华人民共和国突发事件应对法》修法的过程中,要适当划分领导权与指挥权的关系,并要通过"指挥权的专业化"等措施促进应急管理体制的真正完善,应急处置的专业化。加强国家应急指挥及运行机制的建设是做好突发事件处置工作的基本要求,在某种程度上,应急指挥的能力直接影响应急处置的结果。四是要充分发挥地方在应急管理中的积极性、主动性,比如要进一步完善相关法律制度,确保按照分级负责的原则,一般性灾害由地方各级政府负责,应急管理部代表中央统一响应支援;发生特别重大灾害时,应急管理部作为指挥部,协助中央指定的负责同志组织应急处置工作,保证政令畅通、指挥有效。

(4)推进应急救援服务的相关立法　以2020年为例,仅有20万名人员的全国综合性消防救援队伍共接警出动128.4万起,全年日均出动消防指战员3.44万人次,共从灾害现场营救被困人员16.3万人,疏散遇险人员42.4万人;蓝天救援队等一批社会公益应急救援组织也都提供了大量无偿救援服务。从国际上来看,应急救援服务是指在紧急情况下提供对人员和财产的服务和保护。根据应急救援服务的性质及实际情况,许多发达国家早已把应急救援服务划分为有偿服务与无偿服务。对我国而言,加强应急救援服务制度的法治化建设,是长期的战略任务。一方面,要进一步研究应急救援服务的性质、类别和需求,区分哪些真正是公益需求,是应该由政府或公共财政来承担的;区分哪些可以通过市场化手段来补充解决的,从而真正防止应急救援服务的缺位、错位。另一方面,我们可以借鉴国际应急救援服务法律制度设计的有益做法,促进我国应急救援法律体系的不断完备。

思考题

1. 企业与社区的关系有哪些？
2. 举例说明国内外应急响应管理的研究现状。
3. 应急管理体系有哪些类型？请具体说明。
4. 江苏响水天嘉宜化工有限公司"3·21"特别重大爆炸事故中应急管理体现出哪些问题？请举例说明。

练习题

1. 应急响应指企业在遇到突发事件或事故时所采取的＿＿＿＿、＿＿＿＿和＿＿＿＿。
2. 具有代表性的应急管理体系包括＿＿＿＿、＿＿＿＿和＿＿＿＿。
3. 我国应急管理机制主要有＿＿＿＿、＿＿＿＿、＿＿＿＿和＿＿＿＿。

第二章 基于"责任关怀"的社区认知和应急响应

第一节 概述

一、化工企业实施社区认知和应急响应的必要性

化工企业数量多,许多化学品相关企业应急救援过程出现不同程度伤亡,这些情况的发生很大程度上源于对社区认知和应急响应管理必要性的认识不足。履行社会责任是化工企业应尽的义务,是企业生存和发展的基本要素,也是企业参与全球经济一体化战略竞争的必然要求。作为化工企业,全力实施社区认知和应急响应,认真履行社会责任是毋庸置疑的,是非常必要的。

1. 有利于社区发展

化工企业与其他企业一样,作为社区的一分子,对社区的经济发展、社区规划、交通状况、教育文化、环境卫生和公共事业负有不可推卸的责任。化工企业要广泛参与和谐社区建设,不仅根源于社区建设的客观需要,有助于解决人力、智力、财力、物力和场地困难,而且也有利于这些企业自身的发展。虽然企业能促进社区经济发展、解决社区的就业问题、给社区带来繁荣,但也可能使社区居民成为污染等危害的直接受害者。企业对社区的责任就是要求企业有意识地建立良好和谐的社区关系,维护社区的利益,促进社区的发展,维护社区的安定团结,参与和资助社区的公益事业和福利事业的建设。

2. 有利于安全生产

近年来,化工行业重特大事故时有发生,统计资料表明中毒和火灾爆炸是化工生产中的主要危害。2019年2月18日,惠州某公司煤制氢装置751单元SH101B蒸汽过热炉在进行点火作业过程中,发生炉膛闪爆,造成1人死亡、1人受伤;2020年1月14日,珠海某公司催化重整装置预加氢反应物/进料换热器后压力管道处出现泄漏,发生爆燃。这些安全生产事故,尽管有各种各样的原因,但总体上暴露了化工企业生产条件不完善、生产设施落后和企业安全生产措施实行不到位等问题,也说明了人们安全生产意识的淡薄。因此,化工企业必须履行社会责任,把员工及利益相关者的生命财产安全放到核心地位,使安全事故降到最低

限度，做到安全生产警钟长鸣。

3. 有利于社会公益事业的发展

伴随着公民责任理念的进步和发展，企业被要求履行社会责任、参与慈善捐赠的呼声越来越高。但企业是以营利为主要目标，而捐赠活动却增加了企业的成本支出，这就减少了企业可以利用的资源，使得股东利益受损。有时存在迫于公众舆论压力抑或是政府的"劝募"行为，从某种意义上说，只有通过各种渠道监督约束各类企业认真履行社会责任，积极参与社会公益事业，社会公益事业才可能兴旺发达，社会才能和谐进步。

4. 有利于丰富企业文化

一个优秀的企业，必须要创造一种能够使企业全体员工认同、一个能够促进员工奋发向上、一个能够确保企业经营业绩不断提高、一个能够积极地推动组织变革和发展的企业文化。化工企业应自觉承担社会责任，处理好国家、社会、企业的关系，潜移默化地引导员工去贯彻、执行企业的战略目标。

5. 有利于企业可持续发展

可持续发展的三个特征是生态持续、经济持续和社会持续，它们之间是相互关联而不可分割的。生态持续是基础，经济持续是条件，社会持续是目的。一个没有社会责任意识的企业不可能持续发展，因此化工企业必须协调处理好各种关系。要立足节约，缓解资源短缺的矛盾，发展循环经济，提高资源的利用效率。要以节能、节约、节俭为重点，通过技术进步、加强管理等措施，降低单位产出的物质消耗，促进企业良性循环和发展。化工企业应当将履行社会责任视为企业正常经营活动的必然要素，把责任关怀作为企业的"软竞争力"，作为企业可持续发展的动力。

二、我国社区认知和应急响应的准则目标

目前，我国责任关怀实施的准则有六项：社区认知和应急响应、污染防治/环境保护、职业健康安全、工艺安全、产品安全监管和储运安全。实施准则是实施责任关怀的企业在实际的管理工作中必须遵守的规则。企业要根据准则要求和其他管理体系的要求相结合，制定适合本企业的综合管理制度，从而把准则要求和体系要求落实到具体的工作中。

我国责任关怀中，社区认知和应急响应准则目标为：

① 通过信息交流和沟通，提高社区认知水平，让化工企业的应急响应计划与当地社区或其他企业的应急响应计划相呼应，进而达到相互支持与帮助的功能，以确保员工及社区公众的安全。

② 确保制造、加工、使用、分发或储存危险化学品的企业启动和维持社区联络项目，公开交流有关的、必要的信息，回应公众对安全、健康和环境的问题和顾虑，使企业和社区创建一个和谐友好的氛围。

③ 确保每套装置/设备都有应急方案，能对紧急情况做出迅速有效的响应，从而保护员工和社区的安全，将紧急事故的损失降至最低。

三、《社区认知和应急响应实施细则》编制背景

化工行业社区认知和应急响应管理工作着眼于社区内公众对化工企业内相关信息的认识、了解，以及事故发生后有关组织或人员采取的应急行动，旨在通过信息交流和沟通提高社区认知水平，让化工企业的应急响应计划与当地社区或其他企业的应急响应计划相呼应，进而达到相互支持与帮助的目的，以确保员工及社区公众的安全，是贯彻"以人为本"的科学发展观的具体体现，是构建社会主义和谐社会的必然要求。为规范化学品相关企业实施责任关怀过程中的社区认知和应急响应管理，防止应急过程发生安全或其他事故，保护相关人员的健康与安全，化工企业社区认知和应急响应标准化管理势在必行。

"责任关怀（Responsible Care）"是根据化工行业的特殊性而提出的一种企业理念，承诺"责任关怀"的化工企业要自愿承诺对周边社区、社会公众、环境保护负责。中国是全球最大化学品生产销售市场，据不完全统计，我国石化行业现有规模以上企业 3.5 万多家，但承诺实施责任关怀的企业只有几百家，所占比例小。我国"责任关怀"体系的实践起步相对也较晚，推进也很不平衡，不同区域、不同企业间的差距较大，一些企业对责任关怀认知较少或停留在浅显的认知阶段。大部分化工企业自我规制的意识和自觉性还有待提升和完善，社区认知和应急响应管理工作尚待提高。

因此，需要落实责任关怀基础工作，促进化工企业自觉履行安全环境管理责任，不断提升责任关怀的认知度。《责任关怀实施细则 第 1 部分：社区认知和应急响应》团体标准的实施，可提升化工企业社区认知和应急响应管理意识与管理水平，指导国内企业更好地落实社区认知和应急响应。坚定不移地实施责任关怀，既促进化工企业安全、健康、环保发展，也促进化工行业更高质量、更可持续发展。

2020 年 8 月 13 日，根据中石化联质发（2020）140 号《关于印发 2020 年第二批中国石油和化学工业联合会团体标准项目计划的通知》，中国石油和化学工业联合会责任关怀工作委员会启动责任关怀六项实施细则、两项实施指南的制定工作。《责任关怀实施细则 第 1 部分：社区认知和应急响应》主管部门为石化联合会，技术归口石化联合会标准化工作委员会，牵头单位为石化联合会责任关怀工作委员会。

第二节 《社区认知和应急响应实施细则》主要内容

《责任关怀实施细则 第 1 部分：社区认知和应急响应》团体标准规定了实施责任关怀的企业在社区认知和应急响应管理工作中应遵循的规范，规定了领导与承诺、组织与职责、教育与培训、社区认知、应急准备、应急响应、绩效评估与持续改进等管理要求。本团体标准共分为 10 章：前言；引言；1 范围；2 规范性引用文件；3 术语和定义；4 领导与承诺；5 组织与职责；6 教育与培训；7 社区认知；8 应急准备；9 应急响应；10 绩效评估与持续改进。

社区认知和应急响应实施细则，是规范企业在实施责任关怀过程中而进行的应急响应的各项管理，不仅与社区、化工企业有关，还与政府、学校、医院等密切相关。它要求企业要有应急响应管理机构，建立应急响应机制，编制应急救援预案，制订应急计划，建立应急响

社区认知和应急响应

应的定期演练制度，从而建立起整套应急救援体系，能真正发挥其应急救援的作用。为确保员工及社区民众的安全，让化工企业的紧急应变计划与当地社区或其他企业的紧急应变计划相呼应，进而达到相互支持与帮助的功能，一旦企业发生安全事故，能做出快速应变与有效处理，将事故的危害降至最低程度。通过化学品制造商与当地社区人员的对话交流，拟定合作紧急应变计划。该计划每年至少演练一次，其范围涵盖危险物与有害物的制造、使用、配销、储存及处置所可能发生的事故。

社区认知和应急响应除了联络和沟通外，主要内涵就是企业在从事化学品生产、储存、经营、使用、运输和废弃物处置等方面的健康、安全和环保问题评估和公示，并在事故发生时能为社区提供自救、互救帮助。

一、领导与承诺

领导行为是引导和影响个人或组织，在一定条件下实现目标的行为过程。基于化工企业领导在推动社区认知和安全管理中的重要功能，实施细则中对企业领导提出了相关要求，包括应当建立健全体制机制、保障资金、保障人力、推动建设企业文化等内容。

该部分与《责任关怀实施准则》（HG/T 4184—2011）保持一致，增加了"企业最高管理者应推动企业建立良好的沟通交流文化，促进企业与社区等相关方的沟通交流"内容，以适应现代企业文化建设的总体提升。

---

4 领导与承诺

4.1 企业最高管理者应确保社区认知和应急响应的目标和计划、组织机构、职责权限、制度/程序、能力/意识教育等的策划和实施，并形成文件化的承诺。

4.2 企业最高管理者应提供社区认知和应急响应所需的资源，包括资金和人力等资源。

4.3 企业最高管理者应推动企业建立良好的沟通交流文化，促进企业与社区等相关方的沟通交流。

4.4 企业最高管理者应推动各级管理层在沟通效率和应急响应能力等方面的持续改进。

二、组织与职责

明确了企业应建立社区认知和应急响应组织机构，明确分工与职责，制定工作目标与计划，完善相应的管理制度，开展社区认知和应急响应相关工作。

---

5 组织与职责

5.1 企业应建立社区认知和应急响应组织机构，明确分工与职责，制定工作目标与计划，完善相应的管理制度。

5.2 社区认知组织应开展以下工作：

  定期与社区进行沟通，掌握社区关注的热点，对社区关注的问题进行评估和回应，预防可能产生的企业危机事件；

  组织开展与社区的互动，提高社区对企业的认知和信任度；

  定期组织对参与社区沟通人员的培训，提高专业能力；

  定期与员工进行沟通，对员工关注的问题进行评估和回应。

> 5.3 应急响应组织应开展以下工作：
> 　　组织开展应急预案的编制；
> 　　组织开展应急预案的宣传、培训与演练；
> 　　组织开展应急人员、队伍的技能培训；
> 　　确保应急物资符合相应的配备标准并保持完好；
> 　　建立与企业员工、周边企业和社区的应急沟通机制。

三、教育与培训

明确企业应建立社区认知和应急响应培训制度，确定培训对象、培训内容，制订教育和培训计划并组织实施，做好培训记录。

> 6　教育与培训
> 6.1　企业应建立完善的社区认知和应急响应培训制度，并对其定期评价。
> 6.2　企业社区认知和应急响应教育与培训对象包括：与社区及当地应急救援力量联络沟通人员、访客、承包商、供应商、应急队伍以及企业员工。
> 6.3　企业社区认知和应急响应教育与培训内容包括但不限于：
> 　　紧急情况下的报警、逃生及求助等；
> 　　在安全、健康和环保以及应急响应方面沟通的能力；
> 　　企业所涉及化学品的危险特性、工艺反应过程风险及防控措施；
> 　　应急设备设施安全操作规程；
> 　　个体安全防护及应急装备使用；
> 　　应急处置原则、步骤和具体要求等。
> 6.4　企业应制订教育和培训计划并组织实施，做好培训记录。

四、社区认知

明确企业应识别社区内的相关方，并建立社区回应机制和联络渠道，制定社区认知信息公开制度，定期开展与社区的互动，编制应急预案应考虑相互间可能的影响。

> 7　社区认知
> 7.1　企业应识别社区内的相关方，并建立社区回应机制和联络渠道，及时了解和回应社区关注热点，并保留联络与沟通记录。
> 7.2　企业应制定社区认知信息公开制度，及时告知相关方关于化学品的健康、安全和环境的危害信息及防控措施，包括风险外溢后对周边社区的影响。
> 7.3　企业应定期开展与社区的互动，如公众/家庭开放日、科普教育等。
> 7.4　企业应协助社区应急预案的编制，使社区公众了解企业发生紧急情况时其应采取的应急措施以及可能获得的援助。
> 7.5　企业制定应急预案应考虑对周边社区的影响，确保社区关注的问题得到解决。

五、应急准备

明确企业应建立企业应急预案管理办法,编制并定期更新应急预案,在应急预案中明确向相关方公开信息的渠道,按规定配备应急物资并进行维护保养,建立应急响应队伍,定期开展应急演练,设置应急救援专项资金,建立应急通信网络,保持与社区及当地应急救援力量的联络畅通。

---

8 应急准备

8.1 企业应根据《中华人民共和国突发事件应对法》、《生产安全事故应急预案管理办法》、GB/T 29639—2020 建立企业应急预案管理办法,编制企业应急预案。

8.2 企业应定期更新应急预案,进行预案评审、公示并报有关部门备案,通报相关应急协作单位。

8.3 企业应按 GB 30077—2013 及有关规定配备应急物资,并进行维护保养。

8.4 企业应建立应急响应队伍,确保应急人员的能力满足应急救援要求。

8.5 企业应按照风险级别定期开展应急演练,并配合和参与社区的相关应急演习。

8.6 企业应在预算中设置应急救援专项资金,以满足救援设备配备更新、应急培训和演练、应急救援队伍补贴和保险、征用物资的补偿等需求。

8.7 企业应建立应急通信网络,并保证畅通。

8.8 企业应保持与社区及当地应急救援力量的联络畅通。

8.9 企业应在应急预案中明确向新闻媒体、社会公众等相关方信息公开的渠道。

六、应急响应

明确企业应急响应过程中遵循的原则、应急响应程序、应急响应级别、事故信息通报、应急响应后续事宜等要求。

---

9 应急响应

9.1 企业应遵循"以人为本、生命至上、统一指挥、科学处置"的原则。

9.2 遇突发事件,企业应第一时间启动相应的应急预案,针对能量意外释放的源头采取措施,控制事态发展,防止扩散。

9.3 应急响应程序应依照 GB/T 29639—2020 的要求,开展如下工作:

报警;

通信联络;

人员紧急疏散、撤离;

危险区的隔离;

检测、抢险、救援及控制;

受伤人员现场救护与医院救治;

现场保护与现场洗消等。

9.4 当事态严重或扩大时,应升级应急响应级别,并及时通报相关方。

9.5 应急响应结束后,企业应启动伤员救治、人员安置、污染物处理、善后赔偿等事宜。

9.6 在突发事件处置过程中,企业应及时向新闻媒体、社会公众等相关方通报事故信息。

七、绩效评估与持续改进

提出了企业应当将社区认知和应急管理内容纳入绩效考核，形成长效机制，并对绩效评估提出了基本要求。

> 10 绩效评估与持续改进
> 10.1 企业应建立检查与绩效考评长效机制，对责任关怀管理体系中社区认知和应急响应实施细则各要素的落实情况定期进行评估。
> 10.2 企业应对评估过程中发现的问题及时进行跟踪和整改，对构成隐患的原因进行分析，制定可行的整改措施，并对整改结果进行验证。
> 10.3 企业应按照本文件要求，结合责任关怀其他实施要求或者其他管理体系，每年至少进行一次管理评审，实现持续改进。

第三节 我国社区认知和应急响应发展现状

一、我国责任关怀发展历程

我国化工行业自 2002 年开始推行责任关怀以来，经过多年的坚持与努力，取得了显著进展。责任关怀理念日益被行业普遍接受，承诺实施责任关怀的企业越来越多，一些化工园区和专业协会也积极推进责任关怀，社会影响越来越大，越来越广泛。截至 2020 年，600 多家化工企业和 64 家化工园区签署了《责任关怀全球宪章》，倡导健康、安全、环保为主要内容的责任关怀理念，安全环保治理水平得到明显提升。

具体发展历程如下：

2002 年，以中国石油与化学工业协会（现中国石油和化学工业联合会 China Petroleum and Chemical Industry Association，缩写 CPCIA，以下简称"石化联合会"）与国际化学品制造商协会（AICM）签署推广"责任关怀"合作意向书，相继在 2005 年、2007 年、2009 年、2011 年、2013 年召开了五届全国"责任关怀"促进大会。

2002 年，石化联合会与国际化学品制造商协会签署《合作协议》，共同合作在国内石油和化工行业开展责任关怀的具体活动和项目。

2006 年，石化联合会将推广责任关怀作为七个重点工作之一；石化联合会和国际化学品制造商协会依据 2006 年 2 月 5 日在阿联酋迪拜召开的国际化学品管理大会上通过并发布的《责任关怀全球宪章》，共同编制了《中国"责任关怀"实施准则（试行本）》。

2007 年 4 月 6 日，由石化联合会发起的中国石油和化工行业推进责任关怀行动在北京正式启动。首批十七家企业和化工园区作为试点单位在倡议书上郑重签字。《责任关怀实施准则》试行本正式面世。

2007 年 10 月 30 日，2007 第二届中国责任关怀促进大会在上海召开，成为世界范围内以责任关怀为主题的规模最大的一次会议。又有十五家国内化企成为责任关怀试点单位。

2008 年 5 月 29 日，国际化学品制造商协会在北京举办了"携手发展，共担责任"企业社会责任媒体圆桌会。二十四家成员企业在华最高负责人代表共同签署《责任关怀北京宣言》。

2008年，石化联合会对《责任关怀实施准则（试行）》被国家发改委列入行业标准制订计划。石化联合会组织企业进行责任关怀自我评估工作，编制了《石油和化工行业实施责任关怀的基本步骤和做法（讨论稿）》等一系列文件，使我国的责任关怀工作首次有了基础性参照文件。这一年，又有四十家企业和三个园区承诺开展责任关怀试点。

2009年8月6日，由石化联合会举办的石油化工行业责任关怀系列活动正式启动。系列活动从8月初开始到10月中旬结束，包括"责任关怀中国行"采访报道。

2009年10月13日，石化联合会在北京举行"2009第三届石油化工行业责任关怀年度报告发布会"。这在国内尚属首次。这一年，已有五十三家大中型石化企业和化工园区承诺实施责任关怀。一些地方环保部门也开始尝试在本辖区内推行责任关怀。

2010年9月16日，国际化学品制造商协会（AICM）与石化联合会在上海举行的"2010中国国际石油化工大会"上签署了战略合作协议，确定了进一步推进责任关怀工作的计划。

2011年10月在北京举行石油化工行业"责任关怀"促进大会，主题是：绿色化工，责任与贡献，160多家（个）化工企业和化工园区签署了责任关怀承诺书，成立了责任关怀工作委员会，为开展责任关怀活动奠定了坚实的组织基础。并将《责任关怀实施准则》（HG/T 4184—2011）作为中华人民共和国化工行业标准正式发布。

2012年4月在北京召开石化联合会责任关怀工作委员会工作会议。

2012年10月10日，由石化联合会主办，道康宁（中国）有限公司协办的"2012中国石油和化学工业联合会责任关怀工作委员会工作会议"在张家港市召开。

2017年，石化联合会正式加入国际化工协会联合会责任关怀领导工作组（ICCAGCLG），并与国际化工协会联合会（ICCA）共同制定了中国责任关怀三年行动计划（2018—2020年），以进一步推动责任关怀工作在中国广泛而深入地开展。

2018年，石化联合会组织开展《石化绿色工艺名录》编制工作。

2020年，组织开展实施准则的修订，该系列标准已列入石化联合会2020第二批项目计划。

二、我国社区认知和应急响应实施情况调查

1. 企业社区关系与社会责任调查

责任关怀理念中要求企业应自发地改善企业与社区居民之间的关系，且企业应将社会责任作为解决该问题的重要考量。"公众开放日"逐渐成为企业和社区居民联系的主要方式。随着危险事故、环境污染等问题让企业和居民之间的关系不断僵化，国内企业应从自身出发，向社区居民定时公开相关信息，举办公众开放日，建立起良好的企业社区关系。

通过调查发现，由图2-1可知，国内很多企业定时举行"公众开放日"，其中每月一次占比0%，每季度一次占比5%左右，每年一次占比30%左右，不定期举行占比40%左右，从未举办占比20%左右。

由此可见，国内企业在企业和社区关系上还是付出了一定的努力，但是"公众开放日"的举办频率还是不够，每月举办的企业占比为0%，从未举办的占比21.05%，这也说明部分企业表现出对社区居民关系的不重视。

综合上述可得，为了积极响应责任关怀，国内企业应该加强企业与社区之间的交流和沟通，避免社区居民对企业发展的误解，消除企业与社区居民的矛盾。关于"公众开放日"，应加大举办频率，营造良好的企业社区关系。

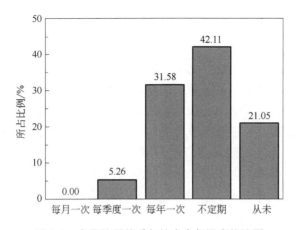

图 2-1　企业社区关系与社会责任调查统计图

2. 企业 HSE 管理情况调查

通过调查部分企业发现，近 5 年以来受访企业仍发生 8%频率的安全事故。这可能是因为企业在安全管理制度上投入的力度还不够，更多的只是停留在企业员工安全培训的层面，而没有建立完善的 HSE 安全管理体系，没有让安全管理渗透到企业各个层面。

由图 2-2 可知，在受访企业中关于 HSE 安全管理措施的实施情况，通过调查结果来看，大都包含开展安全培训、治理安全隐患、安全审核评估及签订《安全承诺书》。其中，开展安全培训比例 100%，治理安全隐患比例 79%，安全审核评估比例 67%以及签订《安全承诺书》比例 55%。

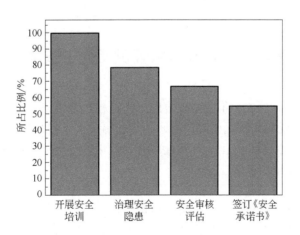

图 2-2　企业 HSE 管理情况调查统计图

总体来说，受访企业都表现出了良好的安全管理意识，并逐步建立完善的安全管理制度。但是，受访企业在安全管理制度上同时表现出了管理制度不完善、管理意识淡薄、管理制度上下不统一的情况。为了更好地保障安全生产，一方面国内企业应全面落实 HSE 责任制度；

另一方面，国内企业应根据自身企业生产性质的不同，积极开展安全环保风险意识识别和管控，建立各级严密的安全生产及管理制度，最大程度上保障安全生产、安全操作等日常生产环节，做好应急处置的实际要求。

本章小结

本章介绍了基于化工"责任关怀"的社区认知和应急响应总体发展概况。社区认知和应急响应是我国责任关怀的六项准则之一，本章首先介绍了《社区认知和应急响应实施细则》的编制背景、必要性和编制目标。化工企业不是孤立存在的，其与社会各界的生产生活息息相关。化工行业社区认知和应急响应管理工作旨在通过信息交流和沟通提高社区认知水平，让化工企业的应急响应计划与当地社区或其他企业的应急响应计划相呼应，实现相互支持与帮助，是构建社会主义和谐社会的必然要求。

其次，本章介绍了《社区认知和应急响应实施细则》的主要内容，包括领导与承诺、组织与职责、教育与培训、社区认知、应急准备、应急响应和绩效评估与持续改进，并将最新的内容与《责任关怀实施准则》（HG/T 4184—2011）进行对比。

最后，介绍了我国责任关怀发展总体情况，其中详细介绍了社区认知和应急响应内容的实施调查情况，我国化工企业在社区认知和应急响应方面仍需进一步完善。

拓展阅读

新基建、工业互联网等赋能化工安全生产

2020 年 5 月 22 日，《2020 年国务院政府工作报告》提出，重点支持"两新一重"建设（新型基础设施建设，新型城镇化建设，交通、水利等重大工程建设）。2020 年 9 月 18 日，全国首条 5G 石化运输智慧路开工，可实现石化企业运输车辆的智能化管理，保障石化危险品运输车辆能高效、安全通行。

2020 年 10 月 10 日，工信部印发《"工业互联网+安全生产"行动计划（2021—2023 年）》提出，通过工业互联网在安全生产中的融合应用，增强工业安全生产的感知、监测、预警、处置和评估能力，加速安全生产从静态分析向动态感知、事后应急向事前预防、单点防控向全局联防的转变，提升工业生产本质安全水平。

新基建时代，新型基础设施建设正在成为我国实体经济和产业提升竞争力的基石，以 5G 网络、工业互联网、大数据、云计算、人工智能、区块链等新一代信息技术为支撑的新基建将为化工行业打造产业数字化底座，助力产业构建双循环发展新格局。

目前，已经有多家先驱企业将数字化技术与工业化技术融合，以促进企业绿色发展、可持续发展。例如湖北三宁化工为保障园区安全生产和提升作业效率所采用的基于 5G 的实时监控和数据采集；水云踪将工业机器人技术应用到工业循环水处理系统，实现在线监测、智能加药、网络传输、异常报警和远程控制功能，将循环水系统管理被动变主动，做到配方适时调整，事故早期预警和有效预防。

责任关怀作为持续改善健康、安全和环境质量的管理体系，能够增加企业的安全指数，优化"三废"处理技术，提升应急响应能力，改变行业在公众心目中的形象，促进行业的可持续发展。当然，责任关怀的施行需要持之以恒地推广和实践，需要行业内众多企业共同发力，坚持不懈地大力推进。

安全是化工行业永恒的主题

2020 年，多地发生仓储、物流安全事故，国内有关部门强化对危化品（危险化学品）的安全管制和专项检查。

"6·13"温岭槽罐车爆炸事故：6 月 13 日下午，G15 沈海高速（温岭市大溪镇良山村附近高速）公路上，一辆由宁波到温州瑞安的液化气槽罐车发生爆炸，引发周边民房及厂房倒塌，事故共造成 20 人死亡，172 人住院治疗。

"8·4"黎巴嫩首都爆炸事故：2020 年 8 月 4 日下午 6 时左右，黎巴嫩首都贝鲁特港口区发生巨大爆炸，爆炸接连发生两次，导致多栋房屋受损，玻璃被震碎，天上升起红色烟雾。此次爆炸造成至少 190 人死亡，6500 多人受伤，3 人失踪。

"11·2"北海码头天然气罐火灾事故：2020 年 11 月 2 日 11 时 45 分许，国家管网集团北海液化天然气有限责任公司位于铁山港区的 LNG 接收站码头 2#罐前平台管线在施工时发生着火，现场作业的 9 人中，有 5 人死亡，1 人失联，3 人重伤。

国家高度重视，一系列政策密集出台。2015 年天津港"8·12"特别重大事故发生以来，原安全监管总局启动了《中华人民共和国危险化学品法》的起草工作，2020 年 10 月 2 日，由应急管理部组织起草的《中华人民共和国危险化学品安全法（征求意见稿）》公开征求意见。2020 年 2 月，中共中央办公厅和国务院办公厅共同印发《关于全面加强危险化学品安全生产工作的意见》，有力防范化解系统性安全风险，坚决遏制重特大事故发生，作为危化领域"十四五"在安全生产上的引领性、指导性、方法性文件。

国务院安委办、应急管理部以港口、码头、物流仓库、化工园区等为重点，开展全国危化品储存安全专项检查整治，随后又开展了硝酸铵等危化品生产企业和涉及爆炸性危险货物港口堆场等重大安全风险隐患排查治理工作。2020 年 4 月，国务院安委会印发了《全国安全生产专项整治三年行动计划》，明确了 2 个专题实施方案、9 个专项整治实施方案。

2015—2019 年，在危化品生产、运输处置等环节共发生重特大事故 10 起，死亡 344 人，重特大事故发生率处于历史高位，化工和涉及危化品的重特大事故占比越来越高。化工产业在危化品生产、贮存、运输、使用、废弃物处置等环节已形成系统性安全风险，危化品安全管理工作亟待全面加强。

近年来，随着本质安全、管理水平的提升，石化行业的安全水平有了整体的提升，但化工和涉及危化品的重特大事故尚未得到有效遏制，尤其在储存、运输环节发生的多起事故再次为全行业敲响了警钟。

因此,化企要加强重点环节管控。中国石油和化学工业联合会发出通知,要求石化港口、码头、物流仓库、园区等有关生产、经营企业要组织开展危化品储存安全专项检查。《关于全面加强危险化学品安全生产工作的意见》也提出,加强涉及危险化学品的停车场安全管理,纳入信息化监管平台,强化托运、承运、装卸、车辆运行等危险货物运输全链条安全监管,提高危险化学品储罐等储存设备设计标准,研究建立常压危险货物储罐强制监测制度。

同时,石油和化工行业要不断提升危化品重大安全风险管控能力,提高涉危化品企业本质安全水平,提升从业人员专业素质,推动企业主体责任落实,强化安全监管能力建设。要从治标为主向标本兼治、重在治本转变,从事后调查处理向事前预防、源头治理转变,从行政手段监管为主向依法治理转变,从传统监管方式向运用信息化、数字化、智能化等现代监管方式转变。

/ 思考题 /

1. 化工企业为什么要实施社区认知和应急响应?
2. 我国责任关怀中,社区认知和应急响应准则目标是什么?
3. 《社区认知和应急响应实施细则》的主要内容有哪些?
4. 查阅资料并思考我国化工企业在社区认知和应急响应方面还有哪些不足?

/ 练习题 /

一、填空题

1. 我国责任关怀实施的准则有六项:_____、污染防治/环境保护、职业健康安全、工艺安全、_____和_____。
2. 《责任关怀实施细则 第1部分:社区认知和应急响应》共分为10章:前言;引言;1 范围;2 规范性引用文件;3 术语和定义;_____;_____;_____;_____;_____;9 应急响应;10 绩效评估与持续改进。
3. "_____"逐渐成为化工企业和社区居民联系的重要方式。

二、选择题

1. 我国化工行业推行责任关怀始于( )年。
A. 2000　　　　B. 2001　　　　C. 2002　　　　D. 2003
2. 《责任关怀实施细则 第1部分:社区认知和应急响应》是( )。
A. 国家标准　　B. 地方标准　　C. 行业标准　　D. 团体标准

第三章 安全应急管理体系

根据团体标准《社区认知和应急响应实施细则》中的规定：

8.3 企业应按 GB 30077—2013 及有关规定配备应急物资，并进行维护保养。

8.4 企业应建立应急响应队伍，确保应急人员的能力满足应急救援要求。

8.5 企业应按照风险级别定期开展应急演练，并配合和参与社区的相关应急演习。

8.6 企业应在预算中设置应急救援专项资金，以满足救援设备配备更新、应急培训和演练、应急救援队伍补贴和保险、征用物资的补偿等需求。

8.7 企业应建立应急通信网络，并保证畅通。

8.8 企业应保持与社区及当地应急救援力量的联络畅通。

8.9 企业应在应急预案中明确向新闻媒体、社会公众等相关方信息公开的渠道。

第一节　化工企业安全应急管理概况

一、化工行业事故统计

2016—2020 年，我国共发生化工和危险化学品事故 929 起，造成 1176 人死亡（统计数据不包含港澳台，下同），2016—2020 年事故统计如图 3-1 所示。2021 年应急管理部通报，全国共发生化工事故 122 起、死亡 150 人，同比减少 22 起、28 人，分别下降 15.3%和 15.7%，比 2019 年减少 42 起、124 人，分别下降 25.6%和 45.3%。2019 年较大事故起数首次降至个位数，创造了有统计记录以来的最长间隔期。

二、化工生产安全事故的特点

化工企业是国民经济重要组成部分，占有十分重要的地位。由于其涉及众多的危险化学品、危险化工工艺，存在有较大环境风险。化工企业一旦发生突发性风险事故，不仅导致巨大财产损失、人员伤亡，还伴随严重环境污染问题。石化企业的特殊性，导致其风险源多，事故后果严重，事故连锁性、不确定性强，评价难定量和影响复杂性等行业风险特点。

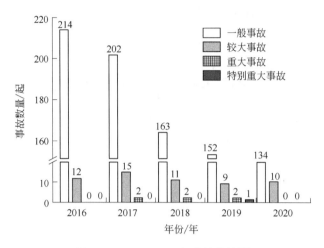

图 3-1 2016—2020 年事故统计图

1. 易发性

危险化学品的易燃性、反应性和毒性决定了化工安全事故的发生，危险化学品从生产、储存、运输、经营、使用到废弃的六个环节中都可能发生事故。如一般化工厂常见的有毒有害物质，如一氧化碳、硫化氢、氮氧化物、氨、苯、二氧化硫、光气、氯化钡、氮气、苯酚、砷化物等在工艺或存储过程中，极易在设备或管道破口处发生泄漏，在短时间内使人中毒，甚至死亡。

2. 突发性

危险化学品事故往往是在没有先兆的情况下突然发生的，不需要一段时间的酝酿。

3. 复杂性

事故发生的原因往往比较复杂，并具有相当的隐蔽性。化工生产工艺流程复杂，涉及的反应类型繁多，而且有些化工生产有许多副反应，且机理尚未明确，有些则是在危险边缘如爆炸极限附近进行生产，如乙烯制环氧乙烷、甲醇氧化制甲醛等。生产过程中影响各种参数的干扰因素很多，设定的参数很容易发生偏移，一旦偏移就会造成严重的事故。由于人的素质或人机工程设计欠佳，也会造成安全事故，如看错仪表、开错阀门等，而且影响人的操作水平的因素也很复杂，如性格、心理素质、专业知识水平等。事故的发生机理常常非常复杂，许多着火、爆炸事故并不仅仅是由泄漏的气体、液体引发那么简单，而往往是由腐蚀等化学反应引起的。

4. 严重性

事故造成的后果往往非常严重，一个罐体的爆炸，可能会造成整个罐区的连环爆炸，一个罐区的爆炸，可能殃及生产装置，进而造成全厂性爆炸，如北京东方化工厂就发生过类似的大爆炸。更有一些化工厂，由于生产工艺的连续性，装置布置紧密，会在短时间内发生厂毁人亡的恶性爆炸，如江苏射阳一化工厂就发生过这样的爆炸。危险化学品事故不仅会因设备、装置的损坏导致生产的中断而造成重大的经济损失，同时可能也会造成重大的人员伤亡。

5. 持久性

危险化学品事故造成的后果往往在很长时间内都无法修复，具有事故危害的持久性。譬如，人员严重中毒，常常会造成终生难以消除的后遗症；对环境造成的破坏，往往需要几十年的时间进行治理。

6. 社会性

危险化学品事故往往造成惨重的人员伤亡和巨大的经济损失，影响社会稳定。灾难性事故，常常会给受害者、亲历者造成不亚于战争留下的创伤，在很长时间内都难以消除痛苦与恐怖。如重庆开县的井喷事故，造成了243人死亡，许多家庭都因此残缺破碎，生还者可能永远无法抚平心中的创伤。同时，一些危险化学品泄漏事故，还可能对子孙后代造成严重的生理影响。

> **案例**
>
> 1976年7月，意大利塞维索一家化工厂爆炸，剧毒化学品二噁英扩散，造成严重后果。这次事故使许多人中毒，附近居民被迫迁走，半径1.5km范围内的植物被铲除深埋，数公顷的土地均被铲掉几厘米厚的表土层。而且，由于二噁英具有致畸和致癌作用，时隔多年后，当地居民的畸形儿出生率仍居高不下。

7. 难处置

绝大多数化工生产事故的处置需由专门队伍、专业人员进行，事故现场救治也需救援人员有专业知识。危险化学品事故的类型包括爆炸、中毒、火灾等。首先，危险化学品的爆炸、火灾的机理与一般的爆炸、火灾事故不同，且常常伴随有毒物质的泄漏，因此只有在救援人员对火灾的起因和泄漏的有毒物质极其熟悉的基础上，才能进行事故救援。其次，危险化学品种类繁多，不同物质的毒性及其反应机理大不相同，需要救援人员具备相当的专业水平才能保证救援工作的顺利进行。

三、化工企业安全应急管理存在的问题

1. 安全管理制度不完善

部分化工企业在生产运行期间，其内部的安全管理制度缺乏完整度，增加了安全事故出现的概率，使企业内部的各项工作难以顺利开展。针对当前化工类企业的运行状态来说，其安全管理缺失的具体形态为负责人与对应领导的不作为、不重视，该现象生成的原因为管理层对安全管理的认知存在局限。此外，部分化工企业存有突发事故风险的原因为安全管理机制不合理，没能及时预防企业内部存有的潜在安全隐患，部分管理机制的设置更加注重形式，无形中增加了企业内部的安全事故风险，不仅影响了企业正常的生产运行，还对其进一步发展形成较大阻碍。

2. 安全管理技术较落后

化工企业在开展日常的生产管理时，其内部的安全管理内容较为重要，会对此类企业的经济效益产生直接影响。一般来说，与化工生产相关的安全管理多为生产工艺管理、生产设备管理等，其管理方法要与其具体生产活动相符，在进行正式的安全管理前还需设定适宜的管理目标，并在管理期间满足该目标背后的各项内容。部分化工企业在进行实际的安全管理期间，在安全管理技术上较为落后，特别是化工工艺与防火爆炸等项目，更是缺乏有效的应对策略，在执行该项工作时仅定期检测安全阀与设备压力计的运行状态，虽然从某种程度上安置了空气检测装置与管道应力的测试装置，但在管控技术上仍有些许滞后性，部分设备没能在安全管理中发挥出自身作用，降低了企业内部生产管理的效率与效果。此外，监管机制的不完整也影响了化工企业安全管理的执行效果，使其难以获得持久性发展。

3. 安全管理意识淡薄

化工企业在进行内部生产期间，其首要任务为强化生产管理的安全性，而参与内部生产的重要元素为工作人员，该类人群的工作素养与管理意识将会对此类企业的生产安全产生较大影响。部分化工企业在具体的生产经营时，其内部职工的安全管理意识较薄弱，对生产设备运作的理解浮于表面，在管理内部各项设备时难以发现其潜在的、具体的安全隐患。部分工作人员在开展生产设备的操作时，缺少必要的安全操作认识，在实行具体操作期间没能严格遵守相关标准与要求，为化工企业带去较严重的生产安全问题。一般来讲，企业内部约束员工各项行为的主要举措为建立适宜的规章制度，可有效加强企业内部的生产安全，由于部分规章制度缺乏针对性，没能将部分危险行为的约束措施展现出来，继而在具体工作中生成更多的安全事故隐患。

第二节　化工园区安全生产管理

化工产业一直是国家和区域经济的主导和支柱。近年来，化学工业园的兴起已经成为中国化工发展方向的主流模式。化学工业园主要是以石油化工产业为基础，同时服务于石油化工产业。我国主要的化学工业园有：天津开发区化学工业园区，上海漕泾化学工业区，南京化学工业园，武汉化工发展区，重庆长寿化工区。化学工业园内企业众多，安全生产显得尤为重要。

一、化工园区安全生产管理概况

化工园区聚集了大量石化、化工企业，生产、使用、储存了大量的危险化学品，生产工艺复杂，危险源众多而集中，极易造成灾难性事故，并引起连锁反应。

（1）石化或化工企业由于生产所用的原料、中间体甚至产品本身绝大多数都是危险化学品，大多又在高（低）温、高（低）压等环境下进行生产，工艺比较复杂，操作条件严格，稍有不慎，很可能发生危险化学品泄漏、火灾、爆炸、中毒等重大事故。

(2) 石化生产、储存装置日益大型化，使得化工园区内重大危险源数量众多且比较集中，重大危险源一旦发生火灾、爆炸或危险化学品泄漏事故时，很可能因其潜在的巨大能量造成严重破坏，引起周边其他重大危险源相继发生事故，从而引发灾难性的"多米诺骨牌"连锁效应。

(3) 很多化工园区临近大江、大河、湖泊等水域，发生危险化学品重大泄漏事故时，有可能造成大面积的水源污染和生态破坏。如 2005 年 11 月 13 日吉林石化分公司双苯厂发生爆炸火灾事故，由于爆炸事故造成部分物料泄漏进入清净废水排水管线并直接流入松花江，引发了松花江流域水污染事件。

二、化工园区安全生产管理体制

应急管理体制是建立应急管理机制和应急预案体系的依托和载体。化工园区应急管理体制是指化工园区所在地各级政府、园区管委会、园区应急管理机构、入园企业和相关利益者等，纵向横向之间的职责分工和相互关系。目前，我国主要有两种典型的应急管理体制，集权式和授权式。

1. 集权式应急管理体制

集权式应急管理体制是指整合园区所有应急资源，成立专门的应急管理机构（指挥中心），由其全权行使应急指挥权利。集权模式一般适用于资金、人力、物力雄厚的大型（国家级和部分省级）化工园区。对于采用集权模式的化工园区而言，园区应急管理机构（指挥中心）的设置是否合理完整，分工是否明确，显得尤为重要。集权式化工园区应急管理机构职能设置情况如图 3-2 所示。集权化的园区应急管理组织架构可以满足专业化的应急需求，可以实现防灾和减灾相结合，实现应急资源和管理的有机整合。当然，如果园区发生特大或超大型生产安全事故，如发生严重的有毒化学品泄漏事故，影响范围扩大到园区以外，园区应急管理机构可能难以实施应急指挥，这时应急管理权应根据事故具体情况向上转移。

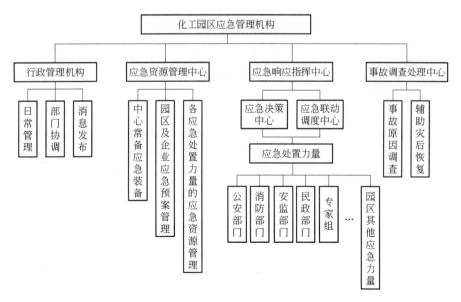

图 3-2 集权式化工园区应急管理机构组织机构系图

案例　上海化学工业区

上海化学工业区应急响应中心是其突发事件应急管理的专门机构，也是园区突发事件应急管理的核心，直接受化工区管理委员会领导。园区内各企业在化工区管理委员会和应急响应中心的领导下，建立了企业应急分中心，承担各自应急管理的法定职责。

目前，上海化学工业区设有公安分局、消防支队、安全生产监督处等监管部门和医疗急救中心，装备了种类齐全、性能先进、以化学救援为特色的消防车、洗消车、堵漏工具、检测设备、个人防护用具。入驻企业中的巴斯夫、赛科、拜耳等企业也都相继建立起自己的高性能专业消防站。公安、消防、医疗、环保等应急队伍特色明显，初期处置力量特别强。由公安、消防、环保、安全监督、医疗急救、防灾、保安等部门派驻人员全天候在应急响应中心的监控中心值班，进行统一接处警、综合指挥调度，提供辅助决策和信息收集、反馈处理。区内各企业应急分中心都通过有线电话、手持无线对讲机和电子计算机网络与应急响应中心连接。应急响应中心则通过无拨号直通电话与上海市应急联动指挥中心连接，从而形成了一个完整的救援执行体系。

2. 授权式应急管理体制

授权模式是根据化工园区管委会或所在地人民政府现有的应急基础，通过局部调整，授权应急基础比较好的某部门（单位），在该部门（单位）的牵头下，化工园区应急相关部门按照约定的流程，分工协作，联动指挥，构建化工园区应急协调指挥系统。授权模式一般适合于资金、人力、物力较弱的中小型化工园区。授权式化工园区应急管理组织机构体系见图3-3。

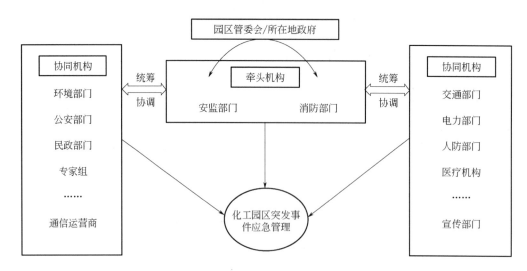

图3-3　授权式化工园区应急管理组织机构体系图

> **案例** 昌邑下营化工园区
>
> 该化工园区位于昌邑市下营镇,是一个正县级单位,由昌邑市委副书记担任园区负责人,下设4个直属部门,其中安全环保管理办公室是经济发展部门的下设机构。昌邑下营化工园区的安全管理机构是在下营镇安办的基础上建立的。

3. 化工园区安全管理体制发展趋势

我国现行的突发事件应急管理组织结构是自上而下进行的分层管理,其内部是等级分明的树形垂直结构,各部门线条分明。虽然垂直管理结构关系清晰,决策与执行工作具有较高效率,但是其管理沟通的信息来源与基本流向被严格控制,管理沟通的速度和质量严重依赖于直线各点,容易造成沟通不顺畅或失误,与突发事件应急管理跨部门、跨领域协作,广泛的信息沟通交流需求相悖。目前化工园区安全生产应急管理体制,尤其是授权式应急管理体制,依然存在明显的"垂直化"管理的特点。各政府应急相关机构在执行应急任务过程中,严重依赖上级主管部门指示,逐级对上负责的行政管理理念根深蒂固。

未来的应急组织结构将更加趋向扁平化。组织结构扁平化的主要目的是减少组织的中间层次,使指令下达、信息流通更加迅速,从而保障应急管理决策的有效执行,使组织更加灵活、快捷,提高组织运作效率和职能。

对于化工园区应急管理工作而言,集权化的体制结构相对于授权化结构,更加接近扁平化的理念,它淡化和削弱了政府在处理园区突发事件中的作用,便于采取更加灵活的处置措施来有效应对灾难。逐步完善现有的集权模式,使其更加凸显扁平化的理念,并探索适合中小型化工园区的集权式应急管理组织结构体系,在相对有限的人力、物力、财力资源条件下,最大可能地实现扁平化应急管理。

三、化工园区应急联动机制

由于突发事件的衍生性和信息的不对等,应急联动和协同十分必要。突发事件会通过各种渠道和途径,使事件发生地以及整个周边区域的社会公众遭受重大影响,包括人力、物力和财产损失。通过建立应急联动机制,可以实现安全利益各相关体进行智慧协调、资源共享、功能整合及联合行动,从而可以取得更好的危机治理效果。

应急联动机制对于化工园区来说是十分必要的。化工园区是产业集聚模式,决定了其安全生产应急管理工作必然牵涉到政府应急职能机构、园区应急管理机构、企业、周边居民区等多方安全责任或利益相关的机构组织、社区组织,各相关单位必然相互交织形成一个复杂的网络。建立完善的园区应急联动机制,理顺应急关系网,对于提高应急管理工作的能力和效率具有重要意义。园区内的应急联动组织架构应当以园区应急管理中心为核心,形成网状组织结构,如图3-4所示。

(1) 空间距离较近且发生生产安全事故后可能相互波及影响的若干家企业之间 可以自发或者在相关机构指导下建立小范围的企业间应急联动机制。通过应急联动机制,这些安全利益相关的企业之间可以进行充分的信息沟通,人力、物资的相互补充,从而提升整个企业群的应急管理能力，控制或避免"多米诺"事故的发生。

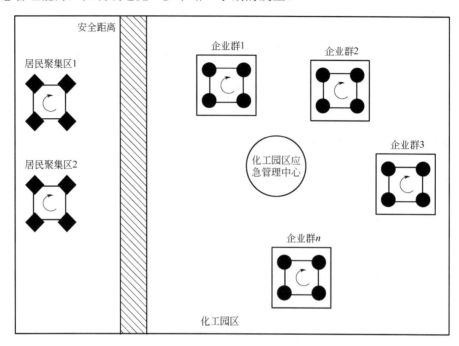

图 3-4　化工园区内应急联动组织结构图

（2）存在大量居民住宅区的化工园区　一旦园区发生重特大生产安全事故，周边居民将极易受到波及影响，甚至发生大规模的就地避难或应急疏散。空间距离临近的若干街道或小区之间可以形成类似"邻里守望"的应急联动制度，相互通报所掌握的应急信息；一旦接到应急疏散或就地避难的指示后，可以互相协助、互相接济。

（3）化工园区应急管理机构与各个园区企业之间　建立应急联动机制，可以形成以园区应急管理机构为核心，企业为节点的应急联动网。园区各企业的突发生产安全事故信息均可以在这个网络组进行沟通传递。此外，通过建立园区管理机构与企业之间的联动机制，可以实现园区公有应急资源与企业自有应急资源的整合优化，从而大幅度提升园区整体处理突发安全生产事故的能力。

案例　江苏常州滨江经济开发区推行化工企业应急救援联动互助

江苏省常州市滨江经济开发区新材料产业园的化工企业自发组织并签订了《常州市滨江经济开发区新材料产业园区生产安全及突发环境事故应急救援联动互助协议》（以下简称《联动互助协议》）。这是化工企业"化蝶之变"，是在内部动力的驱动下，落实安全生产主体责任，由"要我安全"向"我要安全"的根本性转变。

《联动互助协议》规定，在某企业发生生产安全事故或环境事故时，经事发企业请求，周边企业有义务派出相应技术人员和救援物资等协助事发企业进行事故救援；在接到事发企业应急联动请求的第一时间，有义务向事发企业提供人员技术咨询和应急物资服务；周边企业技术人员、救援物资到达事发企业后，由事发企业相关负责人调遣，同等条件下，事发企业应先安排本企业人员、物资参与救援；周边企业参与事发企业救援期间，事发企业必须尽力保证周边企业人员和救援物资安全，并承担周边企业人员因救援工作原因导致的伤亡和救援物资因救援工作原因导致的损失带来的经济赔偿，具体赔偿标准按照相关法律法规执行。

《联动互助协议》还规定，各企业有义务互相通报本方存在的重大危险源和重大安全事故隐患，有义务互相通报己方掌握的区域性灾害信息以及可能给其他企业造成生产安全事故的其他信息；各企业应指定专人负责本协议的执行，协议执行负责人（联系人）姓名和手机号应在协议附件中列出。为确保通信的畅通，协议执行负责人保证通信设备 24 小时畅通。

第三节　企业安全生产管理

一、企业安全生产管理体制

1. 企业安全管理组织机构构成

企业安全管理组织机构的设置应当与企业自身组织结构相吻合，其结构、责任、权限分配对安全管理的实施效果具有重大影响。

安全生产涉及企业各个部门、各类人员，安全管理工作贯穿企业各项工作。因此，安全管理的组织只有涉及企业的每一管理层，每一部门，做到横向到边，纵向到底，建立全面、系统的安全管理网络，才能在组织上保证安全管理工作的有效性。

国家重视安全管理的组织机构建设。《中华人民共和国安全生产法》第二十四条规定：矿山、金属冶炼、建筑施工、运输单位和危险物品的生产、经营、储存、装卸单位，应当设置安全生产管理机构或者配备专职安全生产管理人员。前款规定以外的其他生产经营单位，从业人员超过 100 人的，应当设置安全生产管理机构或者配备专职安全生产管理人员；从业人员在 100 人以下的，应当配备专职或者兼职的安全生产管理人员。

一般来讲，从企业法人到操作职工，安全生产管理组织一般包括三个层次：厂级的领导决策层（如安全生产领导小组）、厂的安全生产管理职能部门（管理层）和车间班组专职或兼职安全员组成的安全管理网络（执行层）。

企业安全生产管理组织结构如图 3-5 所示。

企业总经理对本企业安全工作负全责，生产副总经理主抓安全工作。安技部门在生产副总的直接领导下负责日常的安全管理工作，并对各车间及有关职能部门行使部分指挥、协调、控制权。企业的车间或生产班组中，设立有车间、班组安全员，这是一种不脱产的群众性安全组织管理形式。建立安全员制度，是发动群众、依靠群众搞好安全工作行之有效的形式。车间、班组安全员由那些经验丰富、责任心强的生产一线人员担当，他们对生产过程中的安全卫生情况最为了解，他们参与安全管理，有丰富的群众基础，便于安全管理规章制度的落实，便于开展技术革新，对做好安全管理工作有重大意义。车间安全员隶属于车间主任领导，协助车间主任进行车间的安全管理工作，同时还指导班组安全员的工作。班组安全员受班组领导及车间安全员的领导，群众代表任委员。

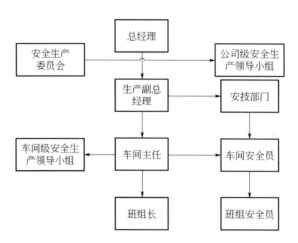

图 3-5　企业安全生产管理组织结构图

企业安全生产委员会定期或不定期举行会议，讨论或协调全厂安全问题。企业安全生产委员会不是决策或领导机构，只起到沟通信息、统一思想、咨询参谋的作用，讨论的问题由厂级决策机构决策。

组织管理体系还可以按业务划分为若干个安全管理系统，生产、经营、技术、人事、动力、设备等各业务系统的主管领导对自己系统的安全生产负直接领导责任，并负责企业与本部门职能相关的安全管理。

2. 企业安全管理组织机构职责

（1）安全生产领导小组职责　企业的安全生产领导小组由企业法定代表人或其指定的分管企业安全生产的企业负责人任主任，成员包括各职能管理部门和各生产车间的主要负责人、安全员和工人代表。其主要职责是领导、规划、协调全企业的安全生产工作，主要包括以下几个方面。

① 保证国家的安全生产法规和职业安全卫生标准在企业内得到认真贯彻执行。保证安全生产投入的有效实施。危险化学品企业要特别认真执行《危险化学品安全管理条例》。

② 审定有关职能部门提出的企业安全技术措施计划、安全生产工作计划及总结、企业安全生产规章制度、事故应急救援预案和危险化学品生产、储存设施的定期安全评价报告。

③ 定期召开会议，听取、审查有关职能部门关于企业安全生产工作报告和安全技术措施计划执行情况的汇报；分析安全生产形势，研究并确定重大危险源安全管理和防范重大安全事故的具体措施；对存在的重大安全问题和重大事故隐患做出整改决定，并责成有关部门执行。

④ 听取重大伤亡事故、设备事故、危险化学品事故和职业病危害事故的调查处理情况，决定企业安全生产方面的重大奖惩。

（2）安全生产管理专职部门职责　企业安全生产管理专职部门的主要职责是组织、监督、检查、推动全企业的安全生产工作，主要包括以下几个方面。

① 贯彻安全生产方针，根据国家安全生产法规和职业安全卫生标准的要求，做好企业安全生产管理的各项工作，贯彻企业安全生产领导小组的决定，协助企业负责人组织、推动安全生产工作。

② 组织、督促和协助有关部门制定安全生产责任制度、安全生产管理制度和安全技术

操作规程,并对执行情况进行监督检查。

③ 组织有关部门制定重大危险源和重大事故隐患的安全监控措施,组织实施并对实施情况进行监督检查。组织制定事故应急救援预案。组建应急救援组织,督促检查应急救援人员、器材、设备的落实和维护保养,并定期组织救援演练。发生危险化学品事故时,协助企业负责人组织救援工作。

④ 汇总、审查,提出企业安全生产工作计划、安全技术措施计划及安全技术经费使用意见,报企业安全生产领导小组批准后组织实施并监督执行。

⑤ 组织安全生产宣传教育和安全技术培训工作。保证本企业从事危险化学品生产、经营、储存、运输的人员都按《危险化学品安全管理条例》规定的要求,经过安全培训并考核合格。

⑥ 组织全企业的安全生产检查,对检查发现的事故隐患提出整改意见,协助并督促有关部门落实隐患整改措施,对隐患整改情况进行跟踪检查。经常深入生产现场进行安全监察,协助解决有关安全问题,纠正违章行为,现场检查发现危及职工人身安全的紧急情况或重大险情时,采取应急措施,指令职工停止作业,撤离危险现场,并立即报告企业安全生产责任人。

⑦ 参加新建、改建、扩建、技术改造和大修工程项目等生产性建设工程项目的职业安全卫生"三同时"审查,并参加竣工验收工作。

⑧ 按照《危险化学品安全管理条例》的要求,定期组织危险化学品生产、储存装置的安全评价。协助、督促安全评价报告提出的整改方案的实施,并检查整改情况。

⑨ 及时报告企业发生的伤亡事故、职业病危害事故和危险化学品事故,组织或积极配合事故调查和善后处理工作。督促、检查事故防范措施的落实,负责伤亡事故和职业病的统计、分析和上报。

⑩ 按国家有关规定,制定个人防护用品、保健津贴发放标准,督促有关部门按规定及时发放,检查个人防护用品使用情况。

⑪ 进行职业性有害因素的定期监测。负责动火等危险作业审批。负责特种作业人员管理和女工保护工作。监督国家规定的工时、休假制度的执行。

⑫ 指导车间、班组的安全管理工作,指导车间、班组安全员的工作。总结和推广安全生产先进经验,组织安全生产的先进评比表彰工作。

⑬ 建立、管理企业安全生产档案,做好信息管理,及时收集职工对安全生产工作的意见和建议。对从事职业危害作业的职工建立职业健康监护档案。

⑭ 督促有关职能部门按照《危险化学品安全管理条例》的要求在各自职能范围内做好危险化学品的各项安全管理工作,主要包括:危险化学品登记申报和生产、经营许可证申领的管理;危险化学品安全技术说明书和安全标签的管理;危险化学品包装物的采购、重复使用、质量检验等方面的管理;危险化学品的仓储、出入库管理;危险化学品销售、剧毒化学品产品流向管理;危险化学品装卸、托运和运输管理;危险化学品运输工具的安全管理。

⑮ 参与企业转产、停产、停业、解散时危险化学品生产储存设备、库存产品及原料处置方案的拟订。

⑯ 定期向企业安全领导小组报告工作。

(3) 车间、班组的安全员职责　车间、班组的安全员是在车间、班组负责人领导下,协助他们做好本车间、班组安全工作。安全员工作在生产第一线,熟悉生产情况,了解生产中

的危险有害因素,联系着生产岗位上的工人,对强化班组安全管理和现场管理有着重要的作用,他们的主要职责如下:

① 组织生产工人贯彻企业安全生产的各项决定,严格执行企业各项安全生产规章制度和安全操作规程,落实各生产岗位的安全职责。

② 进行现场安全巡查,协助生产岗位工人解决有关安全问题,及时发现并报告事故隐患,纠正违章行为,督促正确使用个人防护用品。

③ 组织安全活动,负责新工人上岗前的安全教育、班前班后经常性安全教育。

④ 发生事故时及时抢救伤员,保护好现场并及时报告,了解事故相关情况,协助事故调查,做好事故统计。

⑤ 维护管理安全防护设施、灭火器材,保障安全通道与出口通畅。

⑥ 参与安全规章制度和安全操作规程的制定、安全措施计划的编制。了解安全生产状况,提出改进安全工作的建议。

二、企业安全生产规章制度

化工企业应当根据其组织规模、管理架构、风险特点、工艺过程和设备设施等实际情况,制定至少包含以下内容的安全生产规章制度:

① 安全生产例会等安全生产会议制度;
② 安全投入保障制度;
③ 安全生产奖惩制度;
④ 安全培训教育制度;
⑤ 领导干部轮流现场带班制度;
⑥ 特种作业人员管理制度;
⑦ 安全检查和隐患排查治理制度;
⑧ 重大危险源评估和安全管理制度;
⑨ 变更管理制度;
⑩ 应急管理制度;
⑪ 安全事故或重大事件管理制度;
⑫ 防火、防爆、防中毒、防泄漏管理制度;
⑬ 工艺、设备、电气仪表、公用工程安全管理制度;
⑭ 动火、进入受限空间、吊装、高处、盲板抽堵、动土、断路、设备检维修等作业安全管理制度;
⑮ 危险化学品安全管理制度;
⑯ 职业健康相关管理制度;
⑰ 劳动防护用品使用维护管理制度;
⑱ 承包商管理制度;
⑲ 安全管理制度及操作规程定期修订制度。

安全管理制度的建立和健全是企业安全生产管理工作的重要内容,制度的制定是一项严谨细致的工作,原则性和政策性很强,制定安全管理制度时要注意以下问题:

(1) 依法合规,结合实际 制定安全管理制度必须以法律、法规和安全生产方针政策为依据,结合企业具体情况来制定。

（2）有章可循，衔接配套　安全管理制度应涵盖企业的方方面面，使得与安全有关的事项都有章可循，同时又要注意制度之间的衔接配套，防止出现制度缺失、重复、矛盾或不一致的情况。

（3）科学合理，切实可行　制度是行为的规范，应符合管理规律和企业实际。不合理、不科学的制度难以有效执行。

（4）简明扼要，清晰具体　制度的条文、文字要简练，意思表达要清晰，要求规定要具体，便于掌握和执行。

第四节　企业应急准备

应急准备是针对可能发生的事故，为迅速、有序地开展应急行动而预先进行的组织准备和应急保障。应急准备的目的就是通过充分的准备，保障事故征兆、事故发生状态下的各种应急救援活动顺利进行，实现预期的应急救援目标。

一、应急管理培训

应急管理培训工作是化工企业安全生产管理的重要工作内容。化工企业应急预案发布实施后，应当将应急预案的培训纳入企业的年度培训计划中去，分层级、分阶段组织实施培训工作。

法律法规：

> 《生产安全事故应急预案管理办法》（原安监总局令[2016]第88号）第三十条规定："各级安全生产监督管理部门、各类生产经营单位应当采取多种形式开展应急预案的宣传教育，普及生产安全事故避险、自救和互救知识，提高从业人员和社会公众的安全意识与应急处置技能。"
> 《生产安全事故应急预案管理办法》（原安监总局令[2016]第88号）第三十一条规定：生产经营单位应当组织开展本单位的应急预案、应急知识、自救互救和避险逃生技能的培训活动，使有关人员了解应急预案内容，熟悉应急职责、应急处置程序和措施。应急培训的时间、地点、内容、师资、参加人员和考核结果等情况应当如实记入本单位的安全生产教育和培训档案。
> 《突发环境事件应急预案管理暂行办法》（环发[2010]113号）第二十条规定：企业事业单位，应当采取有效形式，开展环境应急预案的宣传教育，普及突发环境事件预防、避险、自救、互救和应急处置知识，提高从业人员环境安全意识和应急处置技能。
> 《突发环境事件应急预案管理暂行办法》（环发[2010]113号）第二十一条规定：企业事业单位，应当每年至少组织一次预案培训工作，通过各种形式，使有关人员了解环境应急预案的内容，熟悉应急职责、应急程序和岗位应急处置预案。

一般来讲，应急预案的培训工作主要涉及人事培训和应急综合管理两个部门的工作职责。应急综合管理部门提出应急预案的培训工作需求，由人事部门同意将应急预案培训纳入企业安全生产培训计划中，按照工作计划实施应急预案培训工作。化工企业应急预案的培训工作形式可以是授课宣传、团队学习、专业研讨等多种类型，鼓励在应急预案编制工作组中择优选取师资力量，开展应急预案培训工作。组织实施应急预案的培训工作必须保留培训计划、培训课件、培训签到、培训考试以及培训结果等记录文件，并长期保存。应急预案培训对象与要点见表3-1。

表3-1 应急预案培训对象与要点

序号	培训对象	应急预案培训要点	推荐培训学时
1	应急领导小组成员、应急指挥人员	应急工作的原则、指挥决策能力、发生突发事件指挥的应急响应程序等	每年不少于4学时
2	应急救援人员	应急救援技能、应急处置措施等	每年不少于10学时
3	岗位员工（包含新上岗和转岗人员）	初期应急处置措施与技能、突发事件等级的判断与信息上报的要求、突发紧急状况下的直接处置权和指挥权等	每年不少于10学时

二、应急演练

1. 应急演练的基本要求

根据《生产安全事故应急演练基本规范》（AQ/T 9007—2019）规定，应急演练是针对可能发生的事故情景，依据应急预案而模拟开展的应急活动；应急演练应包括：预警与报告、指挥与协调、应急通信、事故监测、警戒与管制、疏散与安置、医疗与卫生、现场处置、社会沟通、后期处置、其他等内容。

根据《生产安全事故应急预案管理办法》第三十三条规定，企业应每年至少组织一次综合应急预案演练或专项应急预案演练，每半年至少组织一次现场处置方案演练。

根据《危险化学品重大危险源监督管理暂行规定》（安监总局令第40号公布，第79号修正）第二十一条规定，重大危险源专项应急预案演练每年至少进行一次，重大危险源现场处置方案演练每半年至少进行一次。

2. 应急演练的类型

按组织形式可以分为桌面演练和现场演练。

（1）桌面演练　桌面演练通常在室内完成，是指参演人员利用地图、沙盘、流程图、计算机模拟、视频会议等辅助手段，针对事先假定的演练情景，讨论和推演应急决策及现场处置的过程，从而促进相关人员掌握应急预案中所规定的职责和程序，提高指挥决策和协同配合能力。

桌面演练的主要作用是使演练人员在检查和解决应急预案中存在问题的同时，获得一些建设性的讨论结果，并锻炼演练人员解决问题的能力，解决应急组织相互协作和职责划分的问题。

（2）现场演练　现场演练是指事先设置突发事件情景及其后续发展情景，参演人员调集可利用的应急资源，针对应急预案中的部分或所有应急功能，通过实际决策、行动和操作，完成真实应急响应的过程，从而检验和提高相关人员的临场组织指挥、队伍调动、应急处置和后勤保障等应急能力的演练活动。

现场演练的场面较大、真实、复杂，为保证演练的正常进行和现场秩序的稳定，需要进行充分准备。

按演练内容可以分为单项演练和综合演练。

（1）单项演练　单项演练是指为检验和评价应急预案中特定应急响应功能，或现场处置方案中一系列应急响应功能而进行的演练活动，主要针对一个或少数几个特定环节和功能进行检验。

单项演练除了可以像模拟实战一样在应急指挥中心内举行，还可以同时开展小规模的现场演练，调用有限的应急资源，主要目的是针对特定的应急响应功能，检验应急人员以及应急救援系统的响应能力。

（2）综合演练　综合演练是针对应急预案中全部或者大部分应急功能，为检验、评价应急救援体系进行整体应急处置能力的演练活动。综合演练要求应急预案涉及的组织单位、部门都要参加，以检验他们之间协调联动机制，检验各个组织机构在紧急情况下能否充分调用现有的人力、物力等各类资源来有效控制事故并减轻事故带来的严重后果，确保人员人身财产安全。

综合演练涉及较多的应急组织部门和各类资源，演练内容多，通常要进行比较细致的策划和工作准备。

按演练目的和作用可以分为检验性演练、示范性演练和研究性演练。

（1）检验性演练　主要是指为了检验应急预案的可行性及应急准备的充分性而组织的演练。

（2）示范性演练　主要是指为了向参观、学习人员提供示范，为普及宣传应急知识而组织的观摩性演练。

（3）研究型演练　主要是为了研究突发事件应急处置的有效方法，试验应急技术、设施和设备，探索存在问题的解决方案等而组织的演练。

不同的演练组织形式、内容及目的和作用交叉组合，可以形成多种多样的演练方式，如单项桌面演练、综合桌面演练、单项现场演练、综合现场演练、单项示范演练等。

案例　广东省危险化学品风险防范实战推演实例

推演以广东省 2020 年发生的广州汉普医药有限公司"4·11"受限空间作业窒息事故、乳源东阳光氟有限公司"3·5"爆炸事故、珠海长炼石化设备有限公司"1·14"爆燃事故等 3 起典型危险化学品事故为案例，紧扣"风险怎么演变成事故"这一主线，围绕"危险化学品安全风险怎么防"这一主题，通过现实和虚拟场景相结合，采用真人真演、视频播放、3D 演示、视频连线等多种方式，对事故的起因、经过及处置过程进行全面复盘。本次推演充分发挥了典型事故的警示教育作用，省、市、县三级应急管理部门、消防救援机构，危险化学品企业主要负责人和安全管理人员共 1582 人以视频方式观摩。

三、应急保障物资

根据《危险化学品单位应急救援物资配备标准》（2021年征求意见稿），危险化学品单位应建立应急救援物资的有关制度和记录：

① 物资清单。
② 物资使用管理制度。
③ 物资测试检修制度。
④ 物资租用制度。
⑤ 资料管理制度。
⑥ 物资调用和使用记录。
⑦ 物资检查维护、报废及更新记录。

应急救援物资应明确专人管理；严格按照产品说明书要求，对应急救援物资进行日常检查、定期维护保养；应急救援物资应存放在便于取用的固定场所，摆放整齐，不得随意摆放、挪作他用。

应急救援物资应保持完好，随时处于备战状态；物资若有损坏或影响安全使用的，应及时修理、更换或报废。

应急救援物资的使用人员，应接受相应的培训，熟悉装备的用途、技术性能及有关使用说明资料，并遵守操作规程。

拓展知识：

《危险化学品单位应急救援物资配备标准》（2021年征求意见稿）编制说明

（一）编制背景

1. 国家危化品监管体系及法律法规发生了变化

2018年3月13日，国家组建了应急管理部，组织编制国家应急总体预案和规划，指导各地区各部门应对突发事件工作，推动应急预案体系建设和预案演练，统筹应急力量建设和物资储备工作，组织起草了《中华人民共和国危险化学品安全法（征求意见稿）》（以下简称《危险化学品安全法（征求意见稿）》）等法律法规，对危险化学品单位应急救援物资配备提出了新的要求和指示。

2. 我国危险化学品行业迅猛发展，危险化学品安全生产形势严峻

我国自2010年起已成为全球化学品第一生产大国，化工产能约占世界总量的40%，相当于欧洲和北美洲的总和，有危险化学品生产经营单位20余万家，化工生产企业9.6万家，300余家省级及以上化工园区。具有产业规模总量大、涉及行业领域多、分布区域范围广、安全管理链条长、涉及监管部门多，以及事故发展快、危害后果大、影响范围广等特点，安全生产形势严峻。据不完全统计，全国每年发生上百起危险化学品事故，先后发生了大连

"7·16"、青岛"11·22"和天津港"8·12"等重特大事故。危险化学品单位如果能够在第一时间及时、正确地采取应急救援行动，可有效防止事故的扩大，减少人员伤亡、财产损失和环境破坏。然而，在危险化学品事故处置过程中，时常因应急人员没有或配备不合适的应急救援装备，导致事故扩大。近些年，发生了多起导致人员伤亡扩大的中毒窒息事故，主要原因就是现场救援人员施救时没有配备气体检测仪，无法检测工作场所是否存在有毒气体，现场也没有配备必要的个体防护装备。因此，为有效控制事故发展，避免人员伤亡扩大，危险化学品单位必须配备必要、合适的应急救援物资。对 GB 30077—2013 进行修订，可以为危险化学品单位在配备应急物资时提供可参考的依据，有效解决应急救援物资种类和数量的配备不合理、不规范等问题，在应急物资管理上形成相应的制度。此外，也可为政府监管部门在对危险化学品单位应急救援物资监督检查时提供检查依据，有效地规范危险化学品单位应急救援物资的配备。

（二）编制过程

2018 年，应急管理部化学品登记中心、中石化安全工程研究院有限公司启动了《危险化学品单位应急救援物资配备要求》的起草工作，拟定在 GB 30077—2013《危险化学品单位应急救援物资配备要求》的框架基础上，补充引用国家及应急管理部最新要求，重点参考中华人民共和国国务院令第 708 号《生产安全事故应急条例》以及中华人民共和国应急管理部令第 2 号《应急管理部关于修改〈生产安全事故应急预案管理办法〉的决定》，参考《重大危险源辨识》《危险化学品重大危险源监督管理暂行规定》《常用危险化学品的分类及标志》《危险化学品品名表》《剧毒化学品目录》《企业消防队建设标准》《城市消防站建设标准》《消防特勤队（站）装备配备标准》《消防员个人防护装备配备标准》《石油化工企业设计防火规范》《企业设计卫生设计规程》《生产经营单位安全生产事故应急预案编制导则》等相关标准规范，形成了草案框架。

标准修订工作启动以来，编写组对中石油、中海油、国家管网、中石化等企业的应急物资配备及其作业现场物资配备进行了全面的调研分析，并利用参与青岛"11·22"、天津港"8·12"、江苏响水"3·21"、临沂"6·5"等重特大事故处置及调查的契机，对事故现场处置的应急救援物资配备情况、装备的适用性等进行了考查，反复敲定内容，优化了草案中作业场所、救援队伍个体防护等物资配备要求。

四、应急救援队伍

企业应当建立专职或兼职应急救援队伍，在事故发生时，能够在第一时间迅速、有效地投入救援与处置工作，防止事故进一步扩大，最大限度地减少人员伤亡和财产损失。在无法建立专职或兼职应急救援队伍的情况下，应与邻近的专职应急救援队伍签订救援协议，确保事故状态下能够有专业救援队伍到场开展应急处置。

根据《危险化学品应急救援管理人员培训及考核要求》（AQ/T 3043—2013）规定，危险化学品应急救援管理人员包括：
① 政府部门危险化学品应急管理人员；
② 危险化学品生产经营单位主要负责人、分管安全负责人和安全管理部门负责人；
③ 危险化学品应急救援队伍负责人。

法律法规：

《中华人民共和国安全生产法》第七十六条规定：鼓励生产经营单位和其他社会力量建立应急救援队伍，配备相应的应急救援装备和物资，提高应急救援的专业化水平。

《中华人民共和国突发事件应对法》第二十六条规定：单位应当建立由本单位职工组成的专职或兼职应急救援队伍。

政府部门危险化学品应急管理人员、危险化学品生产经营单位主要负责人、分管安全负责人和安全管理部门负责人要进行危险化学品应急救援基础知识的培训考核，考核内容包括应急管理、化学品危险性基础知识、危险化学品应急防护与装备使用、典型危险化学品应急处置等。

应当掌握 12 种典型危险化学品包括液化石油气、液化天然气、液氨、氯气、异氰酸酯、硫酸二甲酯、氰化物、电石、硝酸、硫酸、盐酸、硫化氢的应急处置技能。

五、安全生产专项资金

生产经营单位应当具备的安全生产条件所必需的资金投入，由生产经营单位的决策机构、主要负责人或者个人经营的投资人予以保证，并对由于安全生产所必需的资金投入不足导致的后果承担责任。

1. 保证安全生产资金投入的责任主体

生产经营单位要具备安全生产条件，特别是持续具备安全生产条件，必须有相应的资金投入。实践中，一些生产经营单位只顾追求经济效益，安全投入不足甚至不投入的现象较为普遍，"安全欠账"问题突出。现在从法律上进一步明确了保证生产经营单位安全生产资金投入的责任主体。

一方面明确了资金投入的最低要求，即必须保证生产经营单位能够持续地具备安全生产法和有关法律、法规、国家标准或者行业所规定的安全生产条件；另一方面明确了保证资金投入的责任主体，即生产经营单位的决策机构、主要负责人或者个人经营的投资人。对于设立了股东会、董事会等决策机构的生产经营单位，由其决策机构保证本单位安全生产的资金投入；没有设立决策机构的生产经营单位，由其主要负责人保证安全生产的资金投入；个人投资经营的生产经营单位，则由其投资人保证安全生产的资金投入。生产经营单位的决策机构、主要负责人或者个人经营的投资人在本单位处于决策、领导的地位，对保证安全生产所需资金投入负有责任，对安全生产所必需的资金投入不足导致的后果承担法律责任，包括民事赔偿责任、行政责任以及刑事责任。

2. 安全费用的提取和使用

2012 年 2 月，财政部、原国家安全生产监督管理总局制定了《企业安全生产费用提取和使用管理办法》（财企[2012]16 号），明确了提取安全生产费用的企业范围、安全生产费用的提取标准、使用范围以及监督检查等事项。根据该管理办法的规定，安全生产费用是指企业按照规定提取，在成本中列支，专门用于完善和改进企业或者项目安全生产条件的资金。

安全费用按照"企业提取、政府监管、确保需要、规范使用"的原则进行管理。

（1）安全费用的提取标准　危险品生产与储存企业以上年度实际营业收入为计提依据，采取超额累退的方式，按照以下标准平均逐月提取：

① 营业收入不超过 1000 万元的，按照 4% 提取；

② 营业收入超过 1000 万元至 1 亿元的部分，按照 2% 提取；

③ 营业收入超过 1 亿元至 10 亿元的部分，按照 0.5% 提取；

④ 营业收入超过 10 亿元的部分，按照 0.2% 提取。

（2）安全费用的使用　危险品生产与储存企业安全费用应当按照以下范围使用：

① 完善、改造和维护安全防护设施设备支出（不含"三同时"要求初期投入的安全设施），包括车间、库房、罐区等作业场所的监控、监测、通风、防晒、调温、防火、灭火、防爆、泄压、防毒、消毒、中和、防潮、防雷、防静电、防腐、防渗漏、防护围堤或者隔离操作等设施设备支出；

② 配备、维护、保养应急救援器材、设备支出和应急演练支出；

③ 开展重大危险源和事故隐患评估、监控和整改支出；

④ 安全生产检查、评价（不包括新建、改建、扩建项目安全评价）、咨询和标准化建设支出；

⑤ 配备和更新现场作业人员安全防护用品支出；

⑥ 安全生产宣传、教育、培训支出；

⑦ 安全生产适用的新技术、新标准、新工艺、新装备的推广应用支出；

⑧ 安全设施及特种设备检测检验支出；

⑨ 其他与安全生产直接相关的支出。

在规定的使用范围内，企业应当将安全费用优先用于满足安全生产监督管理部门以及行业主管部门对企业安全生产提出的整改措施或者达到安全生产标准所需的支出。

企业提取的安全费用应当专户核算，按规定范围安排使用，不得挤占、挪用。年度结余资金结转下年度使用，当年计提安全费用不足的，超出部分按正常成本费用渠道列支。

（3）安全费用的管理　企业应当建立健全内部安全费用管理制度，明确安全费用提取和使用的程序、职责及权限，按规定提取和使用安全费用。

企业应当加强安全费用管理，编制年度安全费用提取和使用计划，纳入企业财务预算。企业年度安全费用使用计划和上一年安全费用的提取、使用情况按照管理权限报同级财政部门、安全生产监督管理部门和行业主管部门备案。

本章小结

安全是化工行业永恒的主题。本章对化工企业安全应急管理体系进行了总体介绍。首先，分析了我国 2016—2020 年化工行业安全事故情况，总结了化工生产安全事故的特点，分析了我国化工企业安全应急管理方面存在的问题，主要体现在安全管理制度不完善，安全管理技术较落后，安全管理意识淡薄等方面。

目前，中国化工发展方向的主流模式为化学工业园，化工园区的安全生产管理十分重要。本章分析了化工园区的事故类型及其危险性，化工园区聚集了大量化工企业，生产、使用、储存了大量的危险化学品，生产工艺复杂，危险源众多而集中，极易造成灾难性事故，并引起连锁反应。介绍了我国目前主要的两种应急管理体制，集权式和授权式，并进行了对比分析。

最后，本章介绍了企业应当建立安全生产管理体制的基本内容，应当建立安全生产规章制度的基本内容和企业应当完成的应急准备，包括应急管理培训、应急演练、应急保障物资、应急救援队伍、安全生产专项资金等。

拓展阅读

我国安全文化的诞生背景

安全是伴随着人类的生活及生产活动而产生的。人类从远古时代就在解决生活及生产中的安全问题。从文化溯源的角度可以将其起源追溯到远古时代人类的防灾害活动。但是安全工程作为一门学科提出来，是 20 世纪 60 年代的事，60 年代才在少数发达国家的大学中成为一门独立的学科，因此，严格地说，安全成为一种文化是工业社会发展的产物。

我国安全文化产生的背景有以下三个：

（1）现代工业社会生活的特点。由现代科学技术构造的现代社会生活（家庭及办公）特点是：技术含量越来越高，机器及物质的品种越来越多，生活及办公室越来越密集化和高层化，人造环境越来越复杂，交通越来越拥挤和城市规模越来越大等。在提高了生活和办公效能的同时也不断发生前所未有的巨大灾害。这样一个社会中的安全问题已不再是手工业时代的安全常识所能解决的，而是需要复杂的现代技术，这就要求公民具有现代安全科学知识和安全行为能力。

（2）现代工业生产的特点。现代工业生产更是技术复杂、大能量、集约化、高速度的过程，一个液氨罐贮量可达 $5000m^3$，一个发电厂的控制台有上百个仪表，一个中等企业有上千名员工，现代工业一旦发生事故，损失极大，而现代工业设备又非常复杂，生产、运输及贮存都具有很强的技术性，需要多部门、多工种准确地配合，需要高度的责任心和组织纪律，这就要求企业全体人员都具有高度的现代生产安全文化素质，具有现代安全价值观和行为准则。

（3）随着工业社会的发展，企业管理的方法由单纯的制度管理进入了企业文化管理的时代，即以企业整体的经营文化品格来统一企业的经营管理行为。安全文化是企业整体文化的一部分，是企业生产安全管理现代化的主要特征之一。我国安全生产的形势始终不稳定，总结我国几十年安全管理的经验可以看出，传统的单纯依靠行政方法的安全管理不能适应工业社会市场经济发展的需要，营造实现生产的价值与实现人的价值相统一的安全文化是企业建设现代安全管理机制的基础。

中华人民共和国应急管理部发布《化工园区安全风险智能化管控平台建设指南（试行）》

2022年1月，中华人民共和国应急管理部组织编制了《化工园区安全风险智能化管控平台建设指南（试行）》。该指南的编制可以有效落实《全国危险化学品安全风险集中治理方案》部署，有效指导化工园区和危险化学品企业建平台、用平台，运用信息数字等先进技术手段强化安全风险防控能力，推动危险化学品安全风险管控数字化转型、智能化升级。

21世纪以来，我国化工行业快速发展，化工产值占世界总量由2000年的6%增长到2019年的40%，已成为世界第一化工大国。化工园区作为化工行业高质量发展的重要载体和平台，化工企业聚集，危险化学品安全风险集中，2019年江苏响水"3·21"特别重大爆炸事故暴露出我国化工园区安全问题突出，尤其是在安全风险管控数字化转型、智能化升级方面存在明显短板和不足，与我国化工产业和化工园区的安全高质量发展不相适应。

推动物联网、大数据、云计算、人工智能（AI）、5G等新一代信息技术与化工园区安全风险管控深度融合，建设化工园区安全风险智能化管控平台（以下简称化工园区智能化管控平台），推进化工园区安全风险管控信息化、数字化、网络化、智能化，对于高效推动化工行业和化工园区质量变革、效率变革、动力变革，具有重要意义。

为认真贯彻习近平总书记关于危险化学品安全和工业互联网发展应用的重要指示精神和党中央、国务院有关决策部署，落实《"工业互联网+安全生产"行动计划（2021—2023年）》和《"工业互联网+危化安全生产"试点建设方案》工作安排，有效指导全国化工园区安全风险管控数字化转型、智能化升级，编制本指南。

化工园区智能化管控平台建设坚持以有效防范化解重大安全风险为目标，突出安全基础管理、重大危险源安全管理、安全风险分级管控和隐患排查治理双重预防机制（以下简称双重预防机制）、特殊作业管理、封闭化管理和敏捷应急等基本功能，强化感知、网络、安全等基础设施建设，推进信息共享、上下贯通，推动科技创新、工业互联网产业生态、安全生产在园区内外的渗透及融合发展，实现不同企业、不同部门、不同层级之间的协同联动，助力化工园区安全高质量发展。

巴陵石化公共安全建设借力智能化

巴陵石化坚持以智能化建设提升公共安全硬件水平，加强公共安全管理。公司累计投资1200多万元，用于建设物防、技防设施。目前，已建成实施视频监控系统、反无人机主动防御系统、人脸识别系统、一键报警系统、自动防撞升降柱系统等5个项目，为46个门岗安装了92套人脸识别系统，更新115套监控系统、22套电子门禁系统和23套道闸，配套建设31套一键式报警系统、25个防冲撞装置，在公司一级风险部位3个区域建设了反无人机主动防御系统。

 思考题

1. 化工安全生产事故的特点有哪些？请举例说明。
2. 举例说明化工园区与化工企业在安全生产管理方面的关系。
3. 化工企业应当建立怎样的安全管理体制机制？
4. 化工企业的应急准备包括哪些方面？请举例说明。

 练习题

1. 化工生产安全事故的特点有易发性、_____、_____、_____、_____、_____、难处置。
2. 应急准备是针对可能发生的事故，为迅速、有序地开展应急行动而预先进行的_____和_____。
3. 应急演练的类型按组织形式可以分为_____和_____。

第四章 应急预案编制要点

根据团体标准《社区认知和应急响应实施细则》中的规定：

8.1 企业应根据《中华人民共和国突发事件应对法》、《生产安全事故应急预案管理办法》、GB/T 29639—2020 建立企业应急预案管理办法，编制企业应急预案。

8.2 企业应定期更新应急预案，进行预案评审、公示并报有关部门备案，通报相关应急协作单位。

9 应急响应

9.1 企业应遵循"以人为本、生命至上、统一指挥、科学处置"的原则。

9.2 遇突发事件，企业应第一时间启动相应的应急预案，针对能量意外释放的源头采取措施，控制事态发展，防止扩散。

9.3 应急响应程序应依照 GB/T 29639—2020 的要求，开展如下工作：

报警；

通信联络；

人员紧急疏散、撤离；

危险区的隔离；

检测、抢险、救援及控制；

受伤人员现场救护与医院救治；

现场保护与现场洗消等。

9.4 当事态严重或扩大时，应升级应急响应级别，并及时通报相关方。

9.5 应急响应结束后，企业应启动伤员救治、人员安置、污染物处理、善后赔偿等事宜。

9.6 在突发事件处置过程中，企业应及时向新闻媒体、社会公众等相关方通报事故信息。

第一节 编制应急预案的目的、步骤

应急预案是应急管理工作的重要环节，也是企业应急组织机构与职责、应急流程、应急措施、应急资源等应急管理要素的主要载体，应急预案的质量直接影响和制约着企业应急管理工作成效，做好应急预案显得尤其重要。

一、应急预案的种类和功能

应急预案体系是指组织为有效应对自然灾害、事故灾难、公共卫生事件和社会安全事件而建立的应急预案整体系统。从横向上看,应急预案体系包括综合应急预案、专项应急预案、现场处置方案等三种类型,需要覆盖企业可能面临的、需要应对的各类突发事件风险;从纵向上看,企业应急预案体系要与企业组织层级相匹配,涵盖了从总部到基层各个层级的突发事件应急工作需求;从整体层面上看,应急预案体系还需要满足相互支撑、上下衔接、有效运行的要求。应急预案的种类及功能见表4-1。

表 4-1 应急预案的种类及功能

预案类型	定义	要素	功能	适用性
总体应急预案	政府或组织应急预案体系的总纲	组织机构及职责、应急预案体系、事故风险描述、预警及信息报告、应急响应、保障措施、应急预案管理等	规定多类事故应急总体原则、通用应急要求、应急流程、应急措施和应急准备内容	化工企业总部、存在多类风险的企业、需要独立应对多类风险的企业二级单位
综合应急预案	组织生产安全事故应急预案体系的总纲		规定多种生产安全事故应急总体原则、通用应急要求、应急流程、应急措施和应急准备等	化工企业总部、存在多种生产安全事故风险的企业、需要独立应对多种生产安全事故风险的企业二级单位和基层单位
专项应急预案	组织应对某一类型或多种事故,或针对重要设施、危险源、重大活动制定的应急预案	事故风险分析、应急指挥机构或职责、处置程序、处置措施等	针对同类事故、处置程序(措施)相同(近)的几种事故制定的应急预案,用于指导同类事故的应急处置与救援	适用于公司总部或企业单一类型事故(风险源或风险活动)
现场处置方案	针对具体场所、装置或设施制定的应急措施	事故风险分析、应急工作职责、应急处置措施、注意事项等	针对具体的风险制定的明确的措施,直接用于现场人员操作	适用于基层现场

1. 总体应急预案

总体应急预案是指政府或行业组织为应对各种生产安全而制定的综合性工作方案,规定多类事故应急总体原则、通用应急要求、应急流程、应急措施和应急准备内容。

2. 综合应急预案

综合应急预案是指化工园区为应对各种生产安全事故而制定的综合性工作方案,是化工园区应对生产安全事故的总体工作程序、措施和应急预案体系的总纲,包括总则、应急组织架构及相应的职责、应急响应、后期处置、应急保障等内容。

3. 专项应急预案

专项应急预案是指化工园区为应对某种或多种类型生产安全事故,或者针对重要生产设施、重大危险源、重大活动防止生产安全事故而制定的专项方案。应说明处置此类风险应该设置的专有应急功能或有关应急管理功能所需的特殊要求,明确这些应急功能的责任部门、支持部门、有限介入部门及其职责和任务,为制定该类风险的专项预案提出特殊要求和指导。

专项应急预案与综合应急预案中的应急组织机构、应急响应程序相近时,可不编写专项应急预案,相应的应急处置措施并入综合应急预案。

4. 现场处置方案

现场处置方案是指化工园区根据不同生产安全事故类型，针对具体场所、装置或者设施所制定的应急处置措施。现场处置方案重点防范事故风险描述、应急工作职责、应急处置措施和注意事项，应体现自救互救、信息报告和先期处置的特点。操作程序应保证与应急预案的协调和一致性，其中重要的标准操作程序可作为应急预案附件或以适当方式引用。

企业内部应急预案关系见图 4-1，内外部应急预案关系见图 4-2。

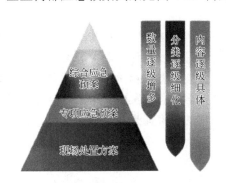

图 4-1　企业内部应急预案关系

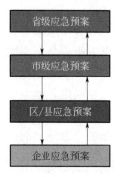

图 4-2　内外部应急预案关系

二、应急预案体系设计的主要原则

应急预案体系设计是针对具体的一个组织，研究确定应急预案总体上分为几个阶层，各个层级分别制定哪些类型应急预案，以及应急预案上下和同级之间的互相衔接关系。

应急预案体系设计需要遵循以下四个原则。

1. 组织适应原则

组织适应原则是指组织设计应急预案体系是要根据自身管理组织层级、管理运行模式来设计预案体系。

比如，对于中国石油天然气集团有限公司总部来说，要根据总部的组织结构、管理分工以及下属企业的组织结构和分布特点来设计应急预案。适合的应急预案类型是总体应急预案和专项应急预案，综合应急预案和现场处置方案就不适用。再比如，对于中国石油天然气集团有限公司下属企业来说，如果面临的风险较多，可以设计出"综合"应急预案体系模式。

2. 风险对应原则

风险对应原则是指组织设计应急预案体系时要根据组织面临的具体突发事件风险来设计预案体系。化工企业面临的重大风险是装置、罐区的泄漏火灾爆炸突发事件，这是应急预案体系设计的核心内容。对于本级组织不存在的突发事件风险、不属于本组织层级管理的突发事件风险、发生概率极小的突发事件风险或者应对难度远远超过本组织层级能力的突发事件风险，不需要设计专门的应急预案。

3. 同类合并原则

同类合并原则是指组织设计应急预案体系时要将突发事件风险相似、应急组织相同、应急流程相同的预案合并到一起进行编制,这样有助于减少应急预案数量,精简应急预案体系。

比如,组织可以将同一类型(自然灾害、公共卫生、社会安全、事故灾难)的多种突发事件合并到一起编制综合应急预案(或专项应急预案),有差异的一些应急预案要素(如应急处置措施、应急要点)分开描述。对于二级单位,由于突发事件应急处置的组织机构和应急流程是一样的,可以将多种甚至多类突发事件合并到一起,编制成一个综合应急预案,处置措施或处置要点编制专门的附件,放在应急预案里,从而大大地精简应急预案的数量。

4. 配合衔接原则

配合衔接原则是指组织设计应急预案体系时要考虑预案之间的衔接与配合。上级应急预案设计时要考虑下级应急预案的对接需求,尤其是要做好突发事件的响应分级、响应流程和组织职责的对接。下级应急预案设计时要与上级应急预案的要求相承接。总体和综合应急预案设计时要考虑专项应急预案的内容,能够在总体和综合应急预案中明确的内容尽量进行明确,这样可以减少专项应急预案的重复性内容。通用性的内容如果在总体和综合应急预案里已经明确的,专项应急预案的内容要避免重复。

三、编制应急预案的步骤

化工企业应急预案的编制工作,首先应合理组建包括广泛的相应专业人员在内的编制团队,细致安排编制工作计划及工作职责,在广泛调研的基础上,科学地进行风险评估以及相应的应急能力评估,在预案要素设计的基础上完成预案文本的编写,最后经审定后修改完善并予以发布。应急预案编制程序见图4-3。

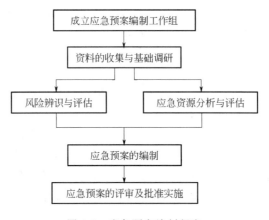

图 4-3　应急预案编制程序

1. 成立应急预案编制工作组

结合化工企业各部门职能和分工,成立以企业负责人为组长,相关部门参加的应急预案编制工作组,明确工作职责和任务分工,制订工作计划,组织开展应急预案编制工作。应急预案编制工作组中应邀请相关救援队伍及周边相关企业、单位或社区代表参加。

2. 资料的收集与基础调研

广泛收集危险化学品应急预案编制所需的相关资料,包括:

① 适用的法律法规、部门规章、地方性法规和政府规章、技术标准及规范性文件；
② 企业周边地质、地形、环境情况及气象、水文、交通资料；
③ 企业现场功能区划分、建筑物平面布置及安全距离等资料；
④ 企业工艺流程、工艺参数、作业条件、设备装置及风险评估资料；
⑤ 企业历史事故与隐患、国内外同行业事故资料；
⑥ 属地政府及周边企业、单位应急预案。

3. 风险辨识与评估

风险辨识与评估是危险化学品应急预案的重要组成部分，是后续应急救援级别、行动等要素的确定，应急程序的设计以及预案文本的编制的基础，也是危险化学品应急预案是否科学、合理的关键。

危险源及风险评估有助于筛查本单位的危险源、预测可能发生事故的类型和后果，进行事故风险分析并指出事故可能产生的次生衍生事故，形成分析报告，从而确定主要危险类别及重要度排序，为应急救援行动的警戒、疏散等提供充分的依据。

风险源及风险评估应依据应急救援需要进行，危险化学品往往具有独特的固有危险特性，从而决定了其应急救援需要采取一些特定的专业措施，因此危险源辨识应侧重于危险源的种类、规模、危险特性以及相应的应急救援措施等。风险分析可利用一些科学的风险评价方法，如故障类型与影响分析（FMEA）、危险与可操作性研究（HAZOP）、事故树分析（FTA）、事件树分析（ETA）以及用池火灾模型、喷射火模型、蒸汽云爆炸模型、火球爆炸模型、泄漏扩散模型等数学模型进行定量分析，也可以借鉴同类事故的后果及规模，从而预测事故后果及影响范围。

开展生产安全事故风险评估，撰写评估报告，其内容包括但不限于：
① 辨识生产经营单位存在的危险有害因素，确定可能发生的生产安全事故类别；
② 分析各种事故类别发生的可能性、危害后果和影响范围；
③ 评估、确定相应事故类别的风险等级。

4. 应急资源分析与评估

在危险源及风险辨识的基础上，对现有应急物资、装备、应急队伍规模及素养等应急能力进行评估，分析现有的应急能力是否满足危险化学品应急救援的需要，必要时结合本区域/单位的实际情况，切实加强应急能力建设。

通过全面调查和客观分析本单位以及周边单位和政府部门可请求援助的应急资源状况，撰写应急资源调查报告，其内容包括但不限于：
① 本单位可调用的应急队伍、装备、物资、场所；
② 针对生产过程及存在的风险可采取的监测、监控、报警手段；
③ 上级单位、当地政府及周边企业可提供的应急资源；
④ 可协调使用的医疗、消防、专业抢险救援机构及其他社会化应急救援力量。

5. 应急预案的编制

应急预案的编制应当遵循"以人为本、依法依规、符合实际、注重实效"的原则，以应急处置为核心，体现自救互救和先期处置的特点，做到职责明确、程序规范、措施科学，尽可能简明化、图表化、流程化。

应急预案的编制必须在危险源辨识及风险评估的基础上，对应急救援工作整体统筹安排。应急预案的编制应参照有关规定和要求进行编制，如国家、省、市各类应急预案，应急预案编制导则等，从而做到上下衔接、通俗易懂。

应急预案的编制过程中应注重全体人员的参与，尽可能让有关人员掌握危险源的危险性、应急处置方案和技能。应急预案编制工作包括但不限下列内容：

① 依据事故风险评估及应急资源调查结果，结合本单位组织管理体系、生产规模及处置特点，合理确立本单位应急预案体系；

② 结合组织管理体系及部门业务职能划分，科学设定本单位应急组织机构及职责分工；

③ 依据事故可能的危害程度和区域范围，结合应急处置权限及能力，清晰界定本单位的响应分级标准，制定相应层级的应急处置措施；

④ 按照有关规定和要求，确定事故信息报告、响应分级与启动、指挥权移交、警戒疏散方面的内容，落实与相关部门和单位应急预案的衔接。

6. 应急预案的评审及批准实施

应急预案编制完成后，可组织有关部门相关人员及技术专家等进行评审，并根据评审结果进行修改完善。应急预案评审程序包括以下步骤：

（1）评审准备　成立应急预案评审工作组，落实参加评审的专家，将应急预案、编制说明、风险评估、应急资源调查报告及其他有关资料在评审前送达参加评审的单位或人员。

（2）组织评审　评审采取会议审查形式，企业主要负责人参加会议，会议由参加评审的专家共同推选出的组长主持，按照议程组织评审；表决时，应有不少于出席会议专家人数的三分之二同意方为通过；评审会议应形成评审意见（经评审组组长签字），附参加评审会议的专家签字表。表决的投票情况应当以书面材料记录在案，并作为评审意见的附件。

（3）修改完善　生产经营单位应认真分析研究，按照评审意见对应急预案进行修订和完善。评审表决不通过的，生产经营单位应修改完善后按评审程序重新组织专家评审，生产经营单位应写出针对专家评审意见的修改情况说明，并经专家组组长签字确认。

通过评审的应急预案，由生产经营单位主要负责人签发实施。

第二节　危险源辨识和脆弱性分析

危险源辨识和脆弱性分析是应急预案编制的基础和关键过程，其结果有助于明确应急预案编制过程需重点考虑的重大事故风险，并为应急预案编制、应急准备和应急响应提供必要的信息支持。

进行危险源辨识与脆弱性分析时，确定辨识与分析的深度是非常重要的。由于受资源和时间等因素的限制，对于化学工业园区来说，危险源辨识与脆弱性分析最重要的是针对化学工业园区危险化学品大量密集的特点，辨识园区可能面临的危险化学品泄漏扩散、火灾、爆炸、中毒等重大事故风险，如图4-4所示。

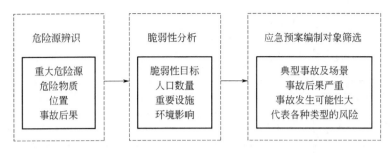

图 4-4　危险源辨识与脆弱性分析过程

一、危险源辨识

危险源辨识就是要辨识并掌握化学工业园区可能存在的危险源（尤其是重大危险源、重大事故隐患）的数量、种类及分布，评价事故影响范围，建立应急响应危险区、缓冲区和安全区，是为应急救援提供决策和指导依据的重要前置步骤。

化工企业各类事故的发生，根本原因在于企业内或周边存在着大量的危险源和危险因素。系统安全理论认为，事故的发生与系统的具体特性具有相关性，系统具有什么特点和属性，就会引发何种事故灾难。因此，必须首先对园区内的危险源进行辨识。

重大危险源辨识是对化工园区进行脆弱性分析的前提，可用于分析潜在重大事故的类型、后果严重程度及事故影响范围。在对重大危险源进行辨识的过程中，应该首先按照《危险化学品名录》查找化工园区内存在危险物质的种类和性质，然后通过查询《危险化学品重大危险源辨识》（GB 18218—2018）确定危险物质的临界量。当满足以下两种情况之一时，可确定为重大危险源：

① 单元内仅存在一种危险化学品时，该化学品的数量达到或超过相应的临界量；

② 单元内存在不止一种危险化学品时，按照下式计算，如果以下公式成立，则确定为重大危险源：

$$\frac{q_1}{Q_1}+\frac{q_2}{Q_2}+\cdots+\frac{q_n}{Q_n} \geqslant 1$$

式中，q_1，q_2，$\cdots$，q_n 为各种危险化学品的实际存在量，t；Q_1，Q_2，$\cdots$，Q_n 为各种危险化学品相对应的临界量，t。

案例　江苏某化工园区危险源分析

该化工园区内部存在环氧乙烷、环氧氯丙烷、二甲苯、甲醛、溶剂油、乙醛、液氨、酚醛树脂等 52 种危险化学品，共计 31640.1 吨，主要分布在化工集聚区和仓储区。将该化工园区划分为都山河以北合成工业小区、都山河以南合成工业小区、第一工业小区、第二工业小区 4 个辨识单元进行危险源辨识，并依据《关于规范重大危险源监督与管理工作的通知》中规定的最大危险原则，选取各危险源中事故后果最严重的危险化学品进行事故后果分析，各危险源中事故后果最严重的危险化学品分别为环氧氯丙烷、环氧乙烷、液氮和甲醛，具体情况如表 4-2 所示。

表 4-2　化工园区重大危险源的基本情况

辨识单元	危险物名称	危险性类别	单个最大容器			
			操作温度/℃	操作压力/MPa	储罐容积/m³	存量（临界量）/t
都山河以南合成工业小区	环氧氯丙烷	3.1 类低闪点易燃液体	常温	常压	60	50/10
都山河以北合成工业小区	环氧乙烷	2.1 类易燃气体	-4	0~0.3	100	75/10
第一工业小区	液氨	2.3 类有毒气体	常温	1.0~1.3	100	44/10
第二工业小区	甲醛	3.2 类中闪点液体	常温	常压	3000	2300/500

二、脆弱性分析

脆弱性分析是在危险源辨识的基础上，分析这些危险源一旦发生重大事故后，其周边哪些地方和哪些人员容易受到破坏或伤害，主要包括：受事故或灾害影响严重的区域；重要防护目标及人员数量和类型（防护目标如政府机关、医院、学校、托儿所、重要设备设施等；人员类型如居民、职员、敏感人群等）；可能遭受破坏的私人和公共财产，包括基础设施和运输线路等；可能的生态环境影响。

化工园区脆弱性目标类型见表 4-3。

表 4-3　化工园区脆弱性目标类型

目标类型	影响区域
人员脆弱性目标	工业装置区域内职工 公共场所聚集人群 工厂周边交通工具使用人员
设施脆弱性目标	驻园企业 基础设施（交通枢纽、石化码头等） 私人设施 公共设施（超市、医院等）
环境脆弱性目标	农业区域 一般自然区域 特殊自然区域

1. 人员脆弱性目标

根据化工园区基本情况统计资料，了解化工园区下辖社区、常住人口、流动人口等基本情况；了解化工园区人员工作性质和流通特征。

2. 设施脆弱性目标

在基础设施方面，化工园区可能建设规划有铁路干线和支线、公路、航道和石化码头等交通设施；化工园区内部企业的业务范围又涉及石油炼化、生物化工、材料加工、仓储物流等，通过对园区企业调研，对各企业的建筑设施、生产装置等设施类型进行分析，了解其脆弱性。

3. 环境脆弱性目标

环境脆弱性目标包括化工园区所在区域地形分布，自然村、农田、水库、公园等自然环境,还包括自然保护区、湿地、沿海滩涂等特殊自然环境。

不同脆弱性目标在园区内的暴露特征以及易损程度不同,使得由其构成的化工园区在面对不同形式的工业事故时所表现出的脆弱性不同。园区内各类承灾体组成不同,会使化工园区系统在面对突发生产安全事故时所表现出来的整体脆弱性发生变化。

案例　江苏某化工园区脆弱性分析

江苏某化工园区位于江苏省宜兴市的西北部,东起宜徐老线,西抵西孟津河,南至新桥头,北至三木北路,总规划面积 4.23km^2。该化工园区以生产油漆涂料、合成树脂、配套原料三大类产品为主,电缆产业为辅的精细化工产业基地。按照道路分布和区域功能可将化工园区分为 4 个片区,分别为化工生产区、行政管理区、公用工程区和仓储区。化工生产区位于集中区的中部和南部,公用工程区主要位于集中区东北部,行政管理区位于集中区西南部,仓储区位于集中区的北部靠西孟津河地带。

1. 人员脆弱性目标概况

对化工园区内部及周边的企业员工、居民、学校等脆弱性目标的基本情况进行统计分析,据统计,化工园区涉及人员共计 6734 人,其中化工园区内部的企业员工为 3069 人,自然村户籍人口 3353 人,此外化工园区周边有一所幼儿园、一所全日制小学和一所老年活动中心,人数分别为 92、168、52,具体统计数据如表 4-4 所示。

表 4-4　化工园区设计的人员脆弱性目标

序号	人员脆弱性目标	方位,距离/km	户数	人数
1	村庄 1	N, 0.03	15	75
2	村庄 2	W, 0.37	40	120
3	村庄 3	化工园区内部	52	157
4	村庄 4		68	200
5	村庄 5		56	170
6	村庄 6		25	76
7	村庄 7		126	350
8	村庄 8		28	76
9	村庄 9		62	180
10	村庄 10		146	430
11	村庄 11		83	260
12	企业职工		—	3069
13	村庄 12	SSW, 0.54	310	900
14	村庄 13	S, 0.29	74	228
15	村庄 14	S, 0.2	43	131
16	都山小学	S, 0.41	—	168
17	都山幼儿园	S, 0.64	—	92
18	老年活动中心	S, 0.14	—	52
	合计	—	1128	6734

注:村庄 3~村庄 11、企业职工在化工园区内部。

2. 设施脆弱性目标概况

化工园区的基础设施方面，园区道路基本已经形成两横三纵，由三木路、幸福西路、兴业大道、都山路、兴都路等把整个园区分成若干个用地规划的地块。化工园区由三木热电厂集中供热，热电厂一期建设规模为 3 台 75t/h 煤粉锅炉和 2 台 12MW 抽凝式汽轮发电机组工程，供汽能力约为 120t/h，根据集中区发展的需要再建设 75t/h 的燃气锅炉 1 台。根据用电指标及用地规划，化工园区总用电负荷达 94882kW，年总耗电量约为 310830MW·h，主要由官林凌霞 110kV 变电所的两段不同母线引两回 110kV 电源至本工业集中区，此外化工集中区内热电站最终设置三台 12MW 汽轮发电机组，其发电能力为 3×12MW，作为工业区的备用电源或部分中小企业的主供电源。化工集中区生产生活用水由官林镇给水管网统一供给，生活水源来自横山水库，工业用水由新建的都山水厂提供；园区内部有一座废水处理能力为 1 万 t/d 的凌霞污水处理厂和一座危险废物处理能力达到 9000t/a 的凌霞固废处理厂。

目前园区内共有企业 29 家，18 家企业已投产，8 家企业在建设之中，3 家企业正在审批阶段。为了对设施脆弱性目标进行全面了解，对上述 18 家已投产的企业进行现场调研，通过走访、查阅资料及园区规划图对比等方法对各企业的占地面积、设施情况、生产规模进行了统计，如表 4-5 所示。

表 4-5 化工园区企业基本情况

序号	企业名称	员工人数	面积/m²	生产规模及设施情况/（t/a）
1	企业 1	1454	134250	4 万吨环氧软树脂、2 万吨氯化石蜡、2 万吨苯酐、4 万吨增塑剂、8 万吨甲醛、1 万吨乙醛、4 万吨醇酸树脂
2	企业 2	116	38374.8	8800 吨聚氨酯系列产品、1 万吨氯乙烯-乙酸乙烯共聚树脂
3	企业 3	82	20196.8	7000 吨 RP 系列、2000 吨 RF 系列、3000 吨 RT 系列
4	企业 4	150	32869.7	1.5 万吨橡胶黏合剂、1.5 万吨印花黏合剂、5000 吨印花增稠剂、1 万吨粉末涂料
5	企业 5	76	27276.7	3 万吨对苯二甲酸辛酯
6	企业 6	63	9052.9	10100 吨涂料系列产品
7	企业 7	46	10032.6	6000 吨聚酯漆、3000 吨聚氨酯漆、1000 吨水性涂料
8	企业 8	98	17746.5	2.5 万吨环保型纺织助剂系列产品
9	企业 9	137	30790.6	9000 吨防水涂料、1000 吨高分子防腐卷材
10	企业 10	87	19992.9	10000t/a 增稠剂、1000t/a 皮革顶层涂饰剂、1000t/a 皮革光滑剂
11	企业 11	103	22061.7	2.6 万吨特种涂料系列产品
12	企业 12	78	10682.6	3400 吨助剂、1600 吨水溶性涂料系列产品
13	企业 13	67	13810.2	10300 吨油漆系列产品
14	企业 14	92	21571.2	3200 吨丙烯酸涂料、1000 吨弹性防水涂料、1000 吨涂料助剂

续表

序号	企业名称	员工人数	面积/m²	生产规模及设施情况/（t/a）
15	企业15	87	21437	4500吨聚氨酯漆、3500吨丙烯酸烤漆
16	企业16	51	20627.8	4万吨脂肪酸甲酯、1万吨脂肪酸乙酯
17	企业17	75	21159.9	年产5万吨特种涂料系列产品
18	企业18	207	13246	3万吨对苯二甲酸二辛酯、5000吨偏苯三酸三辛酯、5000吨邻苯二甲酸二壬脂、7000吨邻苯二甲酸二异辛酯、1500吨EBS（乙烯基双硬脂酰胺）、1500吨润滑颗粒、1000吨APD

3. 环境脆弱性目标概况

该化工园区所在地区地势平坦，属长江下游水系覆盖内典型的湖沼平原，地形总体趋势为西高南低，水网密布，湖荡相连，地面水体为都山河、西孟津河、积梅河、东孟津河等，其中主要河流为都山河，发源于都山荡，全长4.43km，流向自西向东贯穿整个工业园区。此外，园区内部还有农田、鱼塘、植被、湿地等环境脆弱性目标，其中农田多用于种植水稻和小麦；植被有自然植被也有人工植被，野生植物资源丰富；湿地、鱼塘多分布在都山荡沿线，包括人工培养在内的水产品主要有黄鳝、青鱼、草鱼、鲢鱼、太湖短吻银鱼等五十多种，年产量丰富。据调查，化工园区内部不存在自然保护区和国家重点保护的珍稀额危动植物。

第三节 综合应急预案的编制要点

综合应急预案统领整个应急管理体系，是企业应急管理体系建设的基础，其重要性不言而喻，它不但直接反映了企业对应急管理的重视程度，也体现出了企业的应急管理水平和应急能力。一个科学、规范、注重实效的综合应急预案，必定会促进企业各项应急管理工作的开展，有助于企业应急管理体系的完善和应急能力的提升，反之亦然。因此，企业有义务，也有必要按照相关法律、规章和标准的要求，结合自身实际情况，认真落实综合应急预案的编制工作。化工企业由于涉及易燃易爆、高温高压、有毒有害等高风险，且与社会公众利益密切相关，在企业自身谋发展的同时，还承担着更重要的社会责任和安全生产压力，所以更应站在讲政治、讲大局、讲责任的高度上，认真对待企业综合应急预案的编制工作，为企业不断强化应急管理、提升应急能力奠定坚实基础。

综合应急预案是化工企业应急预案体系的纲领性文件，主要从总体上阐述事故的应急工作原则，是应对突发事件的总体制度安排和综合性工作方案，包括生产经营单位的应急组织机构及职责、应急预案体系、事故风险描述、预警及信息报告、应急响应、保障措施、应急预案管理等内容，是企业开展应急救援工作的基础和总纲。

企业的综合应急预案应对各专项应急预案的构成、编制提出要求及指导，并阐明各专项应急预案之间的关联和衔接关系，同时，为各专项应急预案、部门应急预案和应急处置方案提供依据和支撑，是企业应急预案体系有效、可靠运行的核心部件。

一、编制要素

1. 总则

（1）适用范围　说明应急预案适用的范围。

（2）响应分级　依据事故危害程度、影响范围和生产经营单位控制事态的能力，对事故应急响应进行分级，明确分级响应的基本原则。响应分级不可照搬事故分级。

2. 应急组织机构及职责

明确应急组织形式（可用图示）及构成单位（部门）的应急处置职责。应急组织机构可设置相应的工作小组，各小组具体构成、职责分工及行动任务以工作方案的形式作为附件。

应急救援指挥体系一般由应急救援领导机构和应急救援专业组织构成。专业组织可根据应急救援的实际需要设置，通常包括通信保障、警戒及疏散、医疗救护、抢险救灾、后勤保障等，大型应急救援指挥体系还一般常设应急救援办公室、专家组、环境监测等。需要注意的是，应急救援指挥领导机构及大多数专业组织均为临时组织，只有发生事故，启动应急响应时才临时组成发挥相应的应急救援职能。故在进行机构及职责的设计时应注意，日常的应急值守及预案的管理和维护应明确负责的单位或部门。

3. 应急响应

（1）信息报告

① 信息接报。明确应急值守电话、事故信息接收、内部通报程序、方式和责任人，向上级主管部门、上级单位报告事故信息的流程、内容、时限和责任人，以及向本单位以外的有关部门或单位通报事故信息的方法、程序和责任人。

② 信息处置与研判

a. 明确响应启动的程序和方式。根据事故性质、严重程度、影响范围和可控性，结合响应分级明确的条件，可由应急领导小组做出响应启动的决策并宣布，或者依据事故信息是否达到响应启动的条件自动启动。

b. 若未达到响应启动条件，应急领导小组做出预警启动的决策，做好响应准备，实时跟踪事态发展。

c. 响应启动后，应注意跟踪事态发展，科学分析处置需求，及时调整响应级别，避免响应不足或过度响应。

（2）预警

① 预警启动。明确预警信息发布渠道、方式和内容。

② 响应准备。明确做出预警启动后应开展的响应准备工作，包括队伍、物资、装备、后勤及通信。

③ 预警解除。明确预警解除的基本条件、要求及责任人。

（3）响应启动　确定响应级别，明确响应启动后的程序性工作，包括应急会议召开、信息上报、资源协调、信息公开、后勤及财力保障工作。

（4）应急处置　明确事故现场的警戒疏散、人员搜救、医疗救治、现场监测、技术支持、工程抢险及环境保护方面的应急处置措施，并明确人员防护的要求。

（5）应急支援　明确当事态无法控制的情况下，向外部（救援）力量请求支援的程序及要求、联动程序及要求，以及外部（救援）力量到达后的指挥关系。

（6）响应终止　明确响应终止的基本条件、要求和责任人。

4. 后期处置

明确污染物处理、生产秩序恢复、人员安置方面的内容。

应急终止后，事故现场实行逐步恢复，从而进入另一个工作阶段，包括应急救援队伍的撤离和现场的交接、现场清理和监测、事故调查与后果评价等。大量的经验教训表明，在现场恢复的过程中仍存在潜在的风险，如余烬复燃、受损建筑倒塌等，因此现场清理恢复过程中要注意可能出现的危险，避免事故的再次发生。

5. 应急保障

（1）通信与信息保障　明确应急保障的相关单位及人员通信联系方式和方法，以及备用方案和责任人。

（2）应急队伍保障　明确相关的应急人力资源，包括专家、专兼职应急救援队伍及协议应急救援队伍。

（3）物资装备保障　明确本单位的应急物资和装备的类型、数量、性能、存放位置、运输及使用条件、更新及补充时限、管理责任人及其联系方式，并建立台账。

（4）其他保障　根据应急工作需求而确定的其他相关保障措施（如能源保障、经费保障、交通运输保障、治安保障、技术保障、医疗保障及后勤保障）。

其中应急保障的相关内容，应尽可能在应急预案的附件中体现。

二、应急资源调查评估

应急资源调查评估，是针对危险源辨识与脆弱性分析所确定的重大事故风险，明确应急救援所需的各种资源，分析已有的应急资源，为企业应急队伍建设、应急资源规划与配备和应急预案编制提供指导。

法律法规：

> 《突发事件应急预案管理办法》（国办发[2013]101号）中第十五条规定：编制应急预案应当在开展风险评估和应急资源调查的基础上进行。
>
> 《生产安全事故应急预案管理办法》（原安监总局令[2016]第88号）第十条规定：编制应急预案前，编制单位应当进行事故风险评估和应急资源调查。
>
> 《生产经营单位生产安全事故应急预案编制导则》（GB/T 29639—2020）中应急预案编制程序的应急能力评估明确规定：在全面调查和客观分析生产经营单位应急队伍、装备、物资等应急资源状况基础上开展应急能力评估，并依据评估结果，完善应急保障措施。

应急资源的调查，可从企业内部、周边社会等几个方面对能为企业提供应急支持的所有人力、设施、物资等应急资源进行调查统计,分析应急资源的不足和差距,提出完善应急资源的具体举措,规范开展应急资源调查工作。相关调查表见表 4-6～表 4-12、表 4-14。应急物资及装备清单见表 4-13,应急资源调查大纲见表 4-15。

表 4-6 应急管理人员调查表

序号	姓名	工作单位/部门	岗位	职务	联系电话	备注

注:本表调查内容为,专职的应急管理人员和应急管理为主要(重要)职责人员,如应急中心人员、安全环保部应急人员、××车间应急负责人。

表 4-7 应急队伍基本信息调查表

序号	队伍名称	队伍类型	成立时间	主管部门	专业人数	专业及能力	应急值班电话	所在地		负责人	
								详细地址	经纬度	姓名	联系电话

注:本表调查内容,以专业的应急抢险救援队伍为主。

① 队伍名称。填写队伍的规范全称,如××应急救援中心;或依据承担的主要任务填写全称,如××公司应急监测队。
② 队伍类型。选择政府自建、企业自建、政企合建填写。
③ 专业人数。指可以直接参与抢险救援的人数,不包括后勤、管理人员。
④ 主要装备。本队伍拥有的、直接可用的主要装备名称。
⑤ 专业及能力。描述本队伍擅长处置的事件及能力,可列出参与的事件名称。
⑥ 队伍所在地地址。填写至门牌号。

表 4-8 应急专家基本信息调查表

序号	姓名	性别	工作单位	专业类别	技术职称	擅长领域	工作地址	联系电话

表 4-9 应急装备基本信息调查表

序号	名称	类别	型号	规格	储存量	购置日期	所属单位	所在地		负责人		备注
								详细地址	经纬度	姓名	联系电话	

注:1. 名称。可以使用"重点应急物资及装备清单"规范填写。
2. 类别。选择"自储、代储、协议储存、其他"填写。
3. 型号。生产厂家确定的装备型号。

表 4-10 应急物资基本信息调查表

序号	名称	类别	品牌	型号	主要用途	储存量	报废日期	所属单位	所在地		负责人		备注
									详细地址	经纬度	姓名	联系电话	

注：1. 名称。可以使用"重点应急物资及装备清单"规范填写。
  2. 类别。选择"自储、代储、协议储存、其他"填写。
  3. 品牌。填写物资的商标品牌。
  4. 型号。填写物资的规范型号。
  5. 主要用途。物资在应急中的主要用途。
  6. 储存量。单位为吨、件或其他规范的单位。

表 4-11 应急设施与固定场所调查表

序号	名称	类型	性质	占地面积	容量或能力	所在地		负责人		备注
						详细地址	经纬度	姓名	联系电话	

表 4-12 协议应急资源调查表

序号	类别	单位名称	主要能力	协议名称	协议有效期
	协议储备单位				
	协议救援单位				
	协议检测单位				

注：协议单位亦包括应急状态下可调配使用的单位。

表 4-13 重点应急物资及装备清单

类别	应急物资名称
火灾处置	消防车（船、飞机）；大功率水泵车；泡沫供应车；灭火器；风力灭火机；移动式排烟机；灭火拖把等
溢油应急处置	应急溢油清污船；溢油回收装备（收油机）；消防剂喷洒装置；油污土壤清洗车；含油废弃物焚烧装备；含油泥沙油泥分离装备；阻燃性围油栏；吸油毡；吸油索；隔油浮漂；凝油剂；消油剂；收油网；储油罐等
危险化学品处置	强酸、碱洗消器（剂）；洗消喷淋器；洗消液均混罐；高压清洗机；洗消帐篷；生化细菌消洗器（剂）等
通用工具	普通五金工具；铁锹（铲）；铁（钢）钎；斧子；十字镐；大锤；挠钩；撬棍；滚杠；绳索；电钻；电锯；无齿锯；链锯等
破拆起重	切割工具；扩张工具；破碎工具；牵拉、液压和气动定撑；吊车、叉车；葫芦；绞盘；千斤顶等
应急动力	汽柴油发动机；燃油发动机组；应急发电车（轮式、轨式）；应急电源车等
通用类别	安全帽（头盔）；手套；安全鞋；工作服；安全警示背心；垫肩；护膝；护肘；防护镜；雨衣；水靴；呼吸面具；氧气（空气）呼吸器；呼吸器充填泵等
消防防护	消防头盔；消防手套；消防靴；避火服（防火服）；隔热服等
现场照明	手电筒；防风灯；防水灯；探照灯；应急灯；移动式升降照明灯组；抢险照明车；帐篷灯；蜡烛；荧光棒；头灯等
检测	温度（热量）测量仪表；土壤分析仪；水质分析仪；有毒有害气体检测仪；化学品检测仪；爆炸物检测仪；重金属检测仪等

表 4-14 （炼化企业名称）环境应急资源调查汇总表

1. 调查概述				
调查开始时间	年　月　日		调查结束时间	年　月　日
调查负责人姓名			联系人/电话	
2. 调查结果				
应急管理人员情况	专职人员□有_____人；□无			
	兼职人员□有_____人；□无			
抢险救援队伍情况	自建检测队伍□有_____人；□无			
	自建救援队伍□有_____人；□无			
	自建处置队伍□有_____人；□无			
	协议抢险救援队伍□有队伍名称；□无			
应急专家情况	□有_____人；□无			
应急物资情况	物资品种：_____种			
	是否有外部协议储备：□有_____份；□无			
应急装备情况	装备品种：_____种			
	是否有外部协议储备：□有_____份；□无			
应急场所情况	储存□有；□无			
	处置□有；□无			
	指挥□有；□无			
	其他			
3. 调查质量控制与管理				
是否对企业自身储备的物资和装备信息进行了现场核实：□有；□无				
是否建立了应急物资信息档案：□有；□无				
是否建立了应急物资信息及时更新的机制：□有；□无				
4. 调查资源能否与应急响应需求匹配的分析结论（可选）				
□完全满足；□满足；□基本满足；□不能满足				

表 4-15 （炼化企业名称）应急资源调查大纲

序号	章题	主要内容
1	总则	明确调查的对象、范围及工作程序，并列出本单位的主要风险状况
2	企业应急资源	按照应急资源的分类，分别描述相关应急资源的基本现状、功能完善程度、可能发生的事故的影响程度等
3	周边社会应急资源调查	描述本企业能够调查或掌握可用于参与事故处置的相关社会应急资源情况
4	应急资源不足或差距分析	重点分析本单位的应急资源以及周边可依托的社会应急资源是否能够满足应急需要，本单位在资源储备及管理方面存在的问题、不足等
5	应急资源调查主要结论	针对应急资源调查后，从人力、通报和通信联络设备、个人防护设备、消防设备和供应、事故控制和防止污染设备及供应、医疗服务机构、医疗设施和设备供应、检测系统、气象站、交通系统、保安和进出管制设备、社会服务机构和设备设施等方面形成基本调查结论
6	制定完善应急资源的具体措施	提出完善本单位应急资源保障条件的具体措施

示例:

某企业应急资源调查评估

(一)企业应急救援队伍

1. 专职消防队伍

公司消防支队是省内最大的企业专职消防队伍,承担着企业消防灭火抢险救援任务,下设 6 个大队,1 个特勤大队。现有消防气防人员 508 名,各类执勤消防车辆 54 台。各执勤站点 5 分钟内能到达责任区最远边缘,内部消防气防力量集结 20 分钟之内完成,应对危化场所泄漏、着火、爆炸、搜救、抢险有一定的处置经验和控制能力。

2. 兼职医疗救护队伍

××医院是一所现代化综合性三级乙等医院,系北大三院跨省市医疗协作网络医院,120 急救中心网络××区分中心,××血液中心发血站,重点为居住在××基地内 14.5 万××职工家属和周边社区居民提供医疗救治服务。医院拥有床位 866 张,设有科室 56 个,其中职业病科、心血管内科、烧伤整形科、呼吸科为重点专科,拥有丰富的突发事件处置经验。

3. 兼职环境应急监测队伍

公司环境监测与管理部所属的环境监测站,下设水质监测、大气监测、在线及工业卫生监测分站,共有管理、技术人员 11 人,监测人员 27 人。实验室 5000 余平方米,通过了实验室计量认证,配备有先进的气体监测和分析设备,可在紧急情况发生的第一时间开展环境监测工作,为及时、科学地开展应急处置,有效、准确地发布事件预警信息提供支持。

4. 兼职警戒交通管制队伍

公司治安保卫科机关设六科一室,基层设 5 个科、2 个护卫大队,现有职工总数 835 人,其中专业技术人员 81 人,操作服务人员 754 人。在公司突发事件应对中,作为公司的现场治安保卫机构,承担着现场警戒、厂区交通管制,协助人员疏散、撤离等职责。

5. 兼职工程抢险队伍

公司内部现有××公司等 4 个检维修单位,在职员工 5000 余人,有钳工、电工、仪表工、焊工、管工、车工等 20 余个工种。多次参与重大突发事件的处置工作,积累了丰富的现场抢险和事件处置经验。

6. 后勤服务保障队伍

公司办公室会同××公司保证应急处置救援人员的饮食、饮水供给。公司相关部门在应急状态下配合地方政府做好受灾员工和群众的基本生活保障,协助做好受突发事件影响的公众安置。

7. 志愿者队伍

公司各单位建立了志愿者队伍，目前共有 3400 余人。调查生产经营单位周边以社区为依托的，通过培训组成的具有一定自救、互救知识和技能的社区应急队伍。

（二）企业应急管理人员

公司办公室、生产技术部门、机动部门、安全环保部门、企业文化部门、环境监测与管理部门都承担着相应的应急管理职能，设有专兼职管理人员 10 余人；公司各单位都设立了安全监督管理部门，目前有专兼职应急管理人员 100 余人。这些人都承担着日常应急准备、应急响应、恢复善后和改进管理等工作。

（三）公司应急专家

公司建立了应急专家队伍，分别包括工艺技术类、工程抢险类、消防灭火类、危险化学品处置救援类、环境保护类、医疗救治类、公用工程保障类、危险化学品运输储存等专业应急专家。

（四）公司应急物资

结合国家相关标准和公司应急处置救援工作实际，公司建立、完善了以消防气防、侦检设备、个体防护、污染控制、工程抢险、动力保障和其他等 7 类物资为基本的公司、分厂、车间三级应急物资储备系统。消防气防装备主要包括消防车辆、气防车辆、移动消防炮、大功率炮、水幕发生器、热成像仪、生命探测器等；侦检设备主要包括便携式可燃有毒气体检测报警仪、便携式射线检测仪、便携式红外测温仪、激光测距仪等；个体防护主要包括移动式供气源、空气呼吸器、氧气呼吸器、强制送风机、防化服、避火服、隔热服等；污染控制主要包括收油机、撇油机、吸油棉等；工程抢险主要包括挖掘机、装载机、吊车、转输泵、受限空间救援三脚架、移动式压缩机、抢险破拆等工具；动力保障主要包括发电车、发电机、便携式应急探照灯等；其他包括防汛抢险类和医疗救护类等应急物资装备。

公司应急物资实行分级管理，公司、二级单位和车间根据生产实际和危害辨识、风险管理情况，由二级单位储备本单位常用应急物资，公司设立专用应急物资储备库储备一定的应急物资，以应对各种紧急情况和突发事件。

（五）公司应急设施

1. 通信与信息保障

公司建立有线、无线应急通信网络，配备了海事卫星电话。

公司无线应急通信智慧系统由 60 部对讲机和 1 个机站台组成，可实现突发事件时公司应急领导小组和各专业小组的无线通信。

2. 避难设施

公司内部或周边区域的体育馆、礼堂、学校等公共建筑，以及公园、广场等开阔地点都可作为临时避难的场所。

（六）公司应急资金

公司设有年度应急物资专项费用，用于日常各级应急物资的补充完善；公司将应急培训、应急宣传、应急演练、购置应急物资所需费用纳入公司年度预算管理；突发事件应急处置所需费用由财务部门按预算外事项，提报公司总经理办公会审议，保证资金正常使用。

（七）周边应急物资

公司建立了区域消防联防救援机制，公司所在的第四联防区主要包括××石化等9个企业，所属企业发生重特大事故时进行应急联动，调动联防区资源进行跨地区应急救援、增援任务。另外，公司所在地区，有专业消防救援队伍、医疗单位等都可进行应急处置救援支援。

三、应急组织与职责

科学、合理、高效的应急救援组织是落实事故应急预案的关键，健全的组织机构是应急预案有效实施的组织保障。因此，在编制应急预案的过程中必须健全应急组织机构，明确应急组织形式、构成单位或人员，明确应急救援指挥机构总指挥、副总指挥、各成员单位及其相应职责。应急组织机构根据事故类型和应急工作需要，可以设置相应的应急职能小组，并明确各小组的工作任务及职责。

1. 应急组织机构

综合应急预案应明确应急组织机构的构成，应急组织机构一般可包括以下五项：
① 应急工作领导机构。应急领导小组、应急领导小组办公室等。
② 应急工作机构。负责突发事件平时、战时工作的主责部门，是应急工作领导机构的直接职称机构，如：办公值班、生产运行、安全环保、治安保卫、应急队伍等部门。
③ 应急工作支持机构。是在突发事件处置中提供各类协助和保障的部门，如：人事、计划、财务、采购、纪检、审计等部门。
④ 现场应急指挥部。是突发生产安全事件现场应急处置最高决策指挥机构。
⑤ 根据实际设立的其他机构或组织。
应明确应急组织形式、构成单位或人员，并尽可能以结构图的形式表示出来。

2. 各应急组织的职责（以图4-5的组织机构结构为例）

（1）应急领导小组　突发事件应急领导小组是全面负责公司应急管理的最高领导机构。主要职责有：
① 负责公司级突发事件应急处置的领导和决策。
② 根据分管业务审定、签发公司突发事件总体应急预案和专项应急预案。
③ 统一协调调动公司的应急资源。
④ 确定向地方政府及主管部门申请救援或配合地方政府开展应急工作，并接受地方政府的指导。
⑤ 审定新闻发布材料，授权相关人员对外发布突发事件信息。
（2）应急领导小组办公室　应急领导小组办公室代表应急领导小组履行日常应急管理职

责，具体组织实施应急处置的相关工作，同时负责公司应急体系建设和制度建设，以联席会的形式讨论应急预案体系和应急体制、机制、制度建设的具体工作，各成员部门、单位按照职能落实责任。

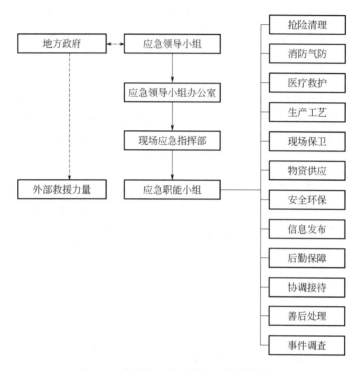

图 4-5　某炼化企业应急组织机构结构图

（3）应急职能小组　公司应急领导小组下设消防气防、抢险清理、医疗救护、生产工艺、现场保卫、物资供应、安全环保、信息发布、后勤保障、协调接待、善后处理、事件调查等 12 个职能小组，由应急领导小组或现场应急指挥部统筹指挥。应急职能小组由相关部门和单位组成，组长由牵头部门负责人担任。

① 消防气防组——由消防支队和事件发生单位组成。

牵头部门：消防支队。

消防支队职责：负责各类事件的现场应急处置，接到事件救援报警后，迅速调集消防力量和抢险救援装备赶赴现场；按照消防处置预案，组织侦察、搜救、冷却监护、灭火抢险工作；在现场应急指挥部的领导下，根据灾情和事态发展，按照地企联动救援协议，协调地方消防部门做好消防增援；协助有关部门做好事件调查；负责公司应急物资库的日常管理和应急时的调拨。

事件发生单位职责：提供现场平面图、装置工艺图；配合制定抢险救援实施方案。

② 抢险清理组——由生产技术部门、机动部门、环境监测与管理部门、检维修施工单位、事件发生单位组成。

牵头部门或单位：机动部门。

机动部门职责：制定并执行抢险、抢修方案，做好相关准备工作，及时组织有资质的抢修施工队伍开展抢修、抢险；组织对现场损坏设备及设施的鉴定。

检维修施工单位职责：组织对可能造成扩大灾情或次生事故的危险部位、关键机组和关键设备进行排险和抢修;组织救援临时性措施和安全防范措施的实施;抢险工作结束后,负责进行现场的清理、恢复工作,对扑救火灾、爆炸产生的固体废物进行清理,送往工业渣场进行填埋处理,杜绝二次污染。

环境监测与管理部门、事件发生单位职责:负责事件中跑损物料的清理、回收,为尽快恢复生产创造条件,避免造成环境污染;配合制定抢险抢修方案。

生产技术部门职责:为抢险过程提供水、电、气保障。

③ 医疗救护组——由相关医疗机构组成。

牵头部门或单位:××医院。

工作职责:突发事件中伤亡人员的抢救和安置,以及伤员的治疗和护理。

④ 生产工艺组——由生产技术部门和事件发生单位组成。

牵头部门或单位:生产技术部门。

生产技术部门职责:负责通知应急领导小组成员及现场应急指挥部全体成员到达指定地点;根据应急领导小组授权,迅速启动生产运行应急响应,做好装置或公用工程系统的处理和应急状态生产方案的调整;负责协调突发事件抢险救援过程中所需的动力供应;组织突发事件期间其他生产装置的正常生产;应急状态结束后,组织装置或公用工程系统恢复生产。

事件发生单位职责:负责现场装置物理处理和置换方案的编制、执行、修订,并组织人员培训;监测装置工艺变化情况,并在事件应急期间向生产技术处和现场应急指挥部提供所需信息;负责制定、执行单位生产恢复方案。

⑤ 现场保卫组——由治安保卫部门和事件发生单位组成。

牵头部门或单位:治安保卫部门。

治安保卫部门职责:负责事件现场的警戒工作,规定警戒区域,禁止无关人员进入现场;负责事件现场的交通管制及疏导;组织人员做好事故现场、重点生产装置、关键部位的保卫工作;搜集现场信息,确认恐怖袭击的可能性;统一配发及检查出入事件现场应急通行证;根据应急领导小组指令,协助地方政府做好事件现场周边地区人员的疏散。

事发单位:负责现场施工、作业人员的清点;配合治安保卫部做好警戒区域划定及人员疏散工作。

⑥ 物资供应组——由物资采购管理部门、安全环保部门、环境监测与管理部门组成。

牵头部门或单位:物资采购管理部门。

物资采购管理部门职责:按照公司应急物资储备总体规划和年度应急物资需求计划实施应急物资的采购工作;负责公司应急物资的日常储存与管理;根据应急领导小组指令供应、运输处理突发事件所需的相关物资。

⑦ 安全环保组——由安全环保部门、环境监测与管理部门组成。

牵头部门或单位:安全环保部门。

安全环保部门职责:接到事件报警后迅速赶赴现场,会同生产工艺组、消防气防组、抢险清理组,在事发单位的配合下,牵头对现场进行勘查;分析突发事件原因,预测突发事件可能发展的态势,制定控制突发事件发展和避免重大次生灾害发生的应对措施。

环境监测与管理部门职责:负责事件现场环境大气、废水及其他有害物质的监测分析,将监测数据及时报告现场应急指挥部,为抢险工作提供可靠的科学依据;牵头负责环境污染事件的应对处置工作。

⑧ 信息发布组——由应急领导小组办公室、生产技术部门、安全环保部门、企业文化部

门、环境监测与管理部门、通讯网络中心、新闻中心和事件发生单位组成。

牵头部门或单位：应急领导小组办公室。

应急领导小组办公室职责：按照应急领导小组要求，收集整理事件信息，并向公司领导及省市有关部门上报或通报，保证信息畅通。

⑨ 后勤保障组——由应急领导小组办公室、事件发生单位等组成。

牵头部门或单位：应急领导小组办公室。

应急领导小组办公室职责：总体协调突发事件应急处置参与人员对车辆、办公及会议地点、通信、计算机网络以及食宿等方面的需要。

⑩ 善后处理组——由人事部门、安全环保部门、法律事务部门、工会和事件发生单位组成。

牵头部门或单位：人事部门。

人事部门职责：对突发事件中伤残人员进行工伤鉴定，并根据国家有关规定确定工伤补助标准。

工会职责：参与伤亡人员的善后事宜。

法律事务部门职责：分析事件相关方法律责任，依法做好有关善后工作。

⑪ 事件调查组——由财务部门、人事部门、计划部门、生产技术部门、安全环保部门、法律事务部门、纪委监察部门、工会和事件发生单位组成。

牵头部门或单位：安全环保部门。

安全环保部门职责：负责对承包商、供应商和服务商造成的人身伤亡事故、火灾事故、爆炸事故、交通事故进行调查；协助地方政府对相关事故进行调查和处理；核定事故现场抢救费用、事故罚款金额。

其他涉及应急处置但未列入上述应急职能小组的单位应在公司现场应急指挥部的指挥下开展应急工作，承担处置各类突发事件的相应应急职责；所有参加突发事件应急处置的部门、单位和人员，必须在接到突发事件信息后迅速到位，服从指挥，认真履职。

案例　应急组织机构设置

某化工企业有限公司根据实际情况，设立"事故应急救援指挥部"，由总经理、副总经理及生产、环保、安全、技术、质检、运输供应等部门负责人组成。事故发生时，由事故应急救援指挥部启动应急救援预案，发布响应等级。

设应急领导机构为事故应急救援办公室，下辖抢险抢修队、通信联络队、义务消防队、医疗救护队、物资供应队、环境监测队、治安队，并对指挥机构及应急队伍职责做了详细分工。应急组织机构设置如图4-6所示。

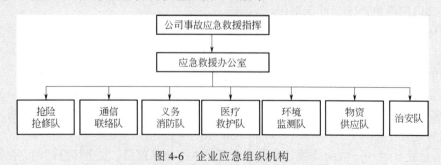

图4-6　企业应急组织机构

四、事件分级与响应分级

1. 事件分类

化工企业突发事件分类可按照事故灾难、公共卫生、社会安全、自然灾害四类对突发事件进行划分，见表4-16。

表4-16 化工企业可能涵盖的事故类型

分类	涵盖事件类型
突发事故灾难事件	主要包括：生产运行突发事件，内外部公用工程系统泄漏失控，特种设备突发事件，罐区及炼化装置爆炸着火突发事件，危险化学品运输突发事件，危险化学品严重泄漏失控和中毒突发事件，环境污染突发事件
突发公共卫生事件	主要包括：突发急性职业中毒事件，重大传染病疫情事件，重大食品中毒事件和群体性不明原因疾病，以及严重影响公众健康和生命安全的事件等
突发公共安全事件	主要包括：群体性突发事件，网络与信息安全突发事件，涉外突发事件，恐怖袭击突发事件，公共文化场所和文化活动突发事件，以及新闻媒体突发事件等
突发自然灾害事件	主要包括：洪汛灾害、破坏性地震灾害、地质灾害、气象灾害等

2. 事件分级

事件分级是针对要解决问题的重要程度对突发事件进行级别上的确认，反思一些突发事件处置不当的现实，主要原因之一在于不能快速有效地识别灾情的类别和正确划分响应级别，导致处置方案的选择出现偏差，资源调配不当，以致延误救援时机，所以进行快速有效的事件分级是应急管理中的重要基础工作之一。

事件分级可以从人员伤亡、财产损失、环境破坏、政治与舆论影响等方面，对可能引发突发事件的危险目标、要害部位、重大危险源等进行分析，分析其风险后果作为事件分级的主要依据。参照风险分析结果，依据事件可能的后果和影响范围对突发事件进行分级。突发事件分级应与所能承受的风险及应急能力相适应，并与上一级组织的突发事件分级标准相对应，并形成上下呼应。

 示例：

某炼化企业事件分级

（1）公司级突发事件　是指突然发生，事态非常严重，对员工、相关方和人民群众的生命安全、设备财产、生产经营和工作秩序等造成十分严重的危害或威胁，已经或可能造成人员伤亡、财产损失或环境污染，造成较大社会影响和对企业声誉产生重大影响，公司必须调集多个部门、单位的力量、资源，或依靠当地救援力量进行应急处置的事件。凡符合下列情形之一的，为公司级突发事件：

① 造成或可能造成3人以上死亡（含失踪），或10人以上重伤（含中毒）。
② 造成或可能造成1000万元以上直接经济损失。
③ 造成或可能造成大气、土壤、水环境较大污染。
④ 引起市级主流媒体进行负面影响报道或评论。

（2）车间级突发事件　是指突然发生，对员工、相关方和人民群众的生命安全、设备财产、生产经营和工作秩序等造成一定危害或威胁，可能造成人员伤害、财产损失或环境污染，车间需调集力量、资源进行应急处置的事件。低于公司级突发事件的为车间级突发事件。

3. 响应分级

事件发生后要启动哪一级别的应急预案，要视事件状态或事故发生后果的严重程度达到了哪一响应级别而定，响应分级就是针对事故危害程度、影响范围和单位控制事态的能力，将事故分为不同的等级，同时按照分级负责的原则，明确应急响应级别。响应级别将直接影响到应急预案的启动及事件发生后应急力量的投入要求。因此，编制预案时要科学、合理地设定响应级别。

（1）响应级别的设定依据

① 事故等级。响应分级要与突发事件分级相对应。

② 应急能力等级。根据事故得到控制的时间、人员伤亡情况、单位的应急救援设备和人员的能力等，评估企业内部的应急能力，并合理划分应急能力等级，例如可划分公司级应急能力、分厂级应急能力、车间级应急能力。不同应急能力等级所拥有和可调动的应急人员、应急设施、应急物资等资源也不同，应对事故等级要求也不同。

③ 应急责任划分。根据企业内部组织机构及责任划分情况，按照分级负责的原则，明确应急响应级别。

应急响应分级要清晰，一般以Ⅰ级为最高响应级别。

（2）响应级别的优化设定　在应急响应的分级上，由于受时间、信息传递等条件所限，往往无法在第一时间准确划分，这就需要在具体划分标准上增加一些直观、明确、容易界定的内容，如把剧毒物质的泄漏、关键装置要害部位甲A类物质的泄漏着火、大型储罐泄漏着火等作为划分参照的辅助条件。

 示例：

某企业危险化学品严重泄漏和中毒突发事件响应分级

根据事故危害程度、影响范围和单位控制事态的能力，将危险化学品泄漏、中毒事件应急救援预案分为Ⅰ级突发事件、Ⅱ级突发事件、Ⅲ级突发事件。

① Ⅰ级危险化学品严重泄漏和中毒突发事件。

a. 在危险化学品生产、经营、储存、使用和废弃危化品处置等过程中发生液化烃、甲B类或剧毒、高毒物料泄漏，已经危及周边装置、社区人员生命安全，造成或可能造成人员死亡或3人以上急性中毒。

b. 公司级关键装置、要害部位和重大危险源储存点发生危险化学品泄漏、中毒事件。

c. 直接损失较大或社会影响较大，公司必须调集多个部门、单位的力量、资源的事件。

② Ⅱ级危险化学品严重泄漏和中毒突发事件。

a. 在危险化学品生产、经营、储存、使用和废弃危险化学品处置等过程中发生乙类物料泄漏，已经危及现场人员生命安全，造成或可能造成3人以下急性中毒。

b. 有一定社会影响,分厂需要调集力量、资源进行应急处置的事件。

③ Ⅲ级危险化学品严重泄漏和中毒突发事件。

a. 在危险化学品生产、经营、储存、使用和废弃危险化学品处置等过程中发生丙类物料泄漏,造成或可能造成人员中毒。

b. 车间需要调集力量、资源进行应急处置的事件。

五、应急响应程序

突发事件一旦发生,应立即启动应急响应程序。应急响应程序按过程可分为接警、响应级别确定、报警、应急启动、响应行动、扩大应急、应急终止和应急恢复等几个过程。企业应根据所编制应急预案的类型和特点,明确应急响应的流程和步骤,如图4-7所示。

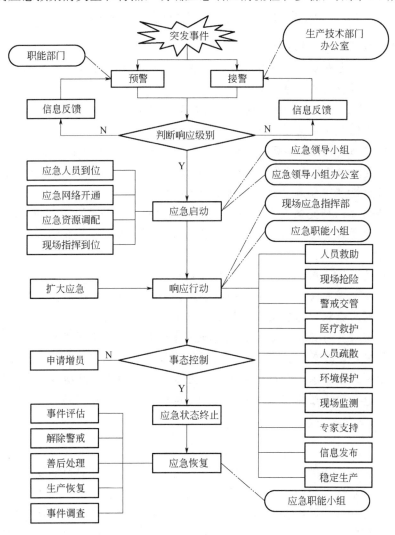

图 4-7 突发事件应急响应流程

应急响应程序的编制通常采用程序图加文字的方法来描述。程序的核心功能模块包括:接警报告、应急启动、应急资源调配、响应行动、扩大应急、应急状态终止。

1. 应急启动

应急预案应明确应急响应启动的条件、程序和方式。

事故灾难发生后，报警信息应迅速汇集到应急救援指挥中心。应急救援指挥中心接到报警后，应立即建立与事故现场的联系，根据事故报告的详细信息，对警情做出判断，由应急中心值班负责人或现场指挥人员初步确定相应的响应级别，由应急预案指定的企业应急组织总指挥宣布应急预案的启动。如果事故不足以启动应急救援体系的最低响应级别，就通知应急机构和其他有关部门关闭应急响应。

 示例：

某公司部分应急响应程序示例

（1）启动公司总部应急机构的步骤

① 公司发生Ⅰ/Ⅱ级突发事件时，应按照相应的应急预案，采取有效的处置措施控制事态发展，同时向公司应急办公室报告。

② 公司应急办公室根据突发事件的发展态势报告应急领导小组副组长（主管业务副总经理）和组长，由组长决定启动公司应急响应。

③ 启动命令下达后，应急领导小组办公室主任筹备召集首次应急会议。

（2）首次应急会议　首次应急会议由应急领导小组组长主持召开，应急领导小组副组长、成员参加。在紧急情况下可采取电视、电话会议的方式进行。

会议的主要内容：研究突发事件情况；确定重大应急抢险方案（包括人员救援方案），判定、安排、调用所需资源，明确内、外部应急救援力量的协作关系；落实各单位、各部门应急工作任务等。

（3）后续应急会议　应急领导小组组长或副组长根据应急工作需要，召开后续的应急会议，研究解决应急处置有关问题；应急领导小组办公室根据事件进展情况，及时召开各相关职能部门参加的联席会议，落实应急领导小组决定的工作事项。

（4）对赴现场人员的要求　发生Ⅰ/Ⅱ级突发事件时，按突发事件分类的职责划分，公司主要领导或主管领导赶赴现场，负责协调指挥抢险救援工作；有关职能部门赴现场人员，负责落实指令和专项预案要求，帮助制定应急处置方案，并协调调配所需应急资源。发生Ⅲ级突发事件时，应急领导小组根据事态研究确定是否派出人员赶赴现场。

2. 应急处置

应急处置是应急工作的着眼点和落脚点，综合应急预案应针对可能发生的事故风险、事故危害程度和影响范围，制定相应的应急处置措施，明确处置原则和具体要求，明确事故现场的警戒疏散、医疗救治、现场监测、技术支持、工程拓险、环境保护及人员防护等工作要求。针对不同类型的突发事件，应急处置具体措施各不相同，但各应急职能小组都应遵循以下原则，在现场应急指挥部的统一指挥下开展应急处置工作。

（1）应急处置原则

① 坚持救人第一，防止灾害扩大原则；

② 坚持统一指挥，科学决策的原则；
③ 坚持信息畅通，协同应对的原则；
④ 坚持环境保护，减少污染的原则；
⑤ 坚持单位自救和社会救援相结合的原则。
（2）人员伤亡应急处置原则
① 发生事故后第一时间确认现场人员伤亡情况；
② 坚持救治第一，组织专业医疗救护小组抢救现场受伤人员，并联系就近医院进一步开展检查治疗；
③ 稳定和安抚受伤人员情绪；
④ 确认现场具备安全条件后，组织对现场失踪人员进行搜救。
（3）火灾爆炸应急处置原则
① 事故现场建立警戒区域，划定事故安全区，实施交通管制；
② 根据火灾现场情况，安排监测人员监测火势火情，根据现场风向，迅速、有序组织人员撤离；
③ 迅速查清着火部位，燃烧物质及物料来源，在灭火的同时，及时关闭阀门，切断物料；
④ 根据火情及着火物质，正确选择灭火剂，先控制火势，后消灭火情，避免次生灾害发生；
⑤ 充分利用现场固定消防设施，进行冷却、灭火；
⑥ 确定火灾爆炸影响范围，对周边重要设施及重大危险源进行隔离保护。
（4）危险化学品泄漏应急处置原则
① 事故现场建立警戒区域，划定事故安全区，实施交通管制；
② 迅速确定泄漏位置、泄漏物质，划定泄漏物质扩散影响范围，对泄漏区域大气环境实施监测，组织人员撤离；
③ 快速切断泄漏源上下游阀门；
④ 严格控制非防爆电器设备、工具等易产生火花器具的使用，及时驱散和稀释泄漏物，防止形成爆炸性混合物；
⑤ 组织力量对泄漏点进行封堵、抢修；
⑥ 防止发生次生事故。
（5）环境污染应急处置原则
① 采取有效措施，尽快切断或封堵隔离污染源；
② 坚持先重点后一般，先控制后消灭的原则灵活果断处置；
③ 依照控制、减弱、消除的原则，消减风险，防止事件的扩大；
④ 迅速了解事发地及下游的地表、水文条件及重要保护目标及分布情况；
⑤ 迅速补点监测，确定污染物种类、浓度、扩散范围；
⑥ 针对特征污染物，采取有效措施拦截、吸收、分解，降低污染物浓度；
⑦ 跟踪监测污染状况，预测污染迁移的强度、速度和影响范围，及时调整对策。
针对可能发生的事故风险、事故危害程度和影响范围，制定相应的应急处置措施，明确处置原则和具体要求，明确事故现场的警戒疏散、医疗救治、现场监测、技术支持、工程抢险、环境保护及人员防护等工作要求。
各应急职能小组根据相应职责划分，在现场应急指挥部的统一指挥下开展应急处置工作。

3. 扩大应急

明确当事态无法控制的情况下，向外部力量请求支援的程序及要求。

企业应定期召开地企联席会，向地方政府有关部门及时通报企业生产工况变化、人员调整等情况，并与地方政府相关部门就专项应急预案制定地企联动方案，当发生突发事件时，及时向政府相关部门报送信息，当突发事件事态可能无法控制时，及时请求社会救援力量。

 示例：

某炼化企业企地联动规定

企地联动：公司应急领导小组根据现场情况，对事态控制情况做出判断，当出现突发事件可能危及周边居民群众安全、外部互供管线泄漏影响较大、可能造成厂区外部环境污染、事态无法控制等情形，确定需要外部力量增援、需要启动企地应急响应时，迅速电话报告发生事件所在地的县级人民政府及相关部门，申请地方政府给予支援。

4. 应急状态终止

执行应急终止程序，由应急总指挥宣布应急结束。编制应急预案时，应明确现场应急响应结束的基本条件、程序和要求。事故现场得以控制，环境符合有关标准，导致次生、衍生事故隐患消除后，经事故现场应急指挥机构批准后，现场应急结束。应急结束后，还应明确以下几点。

（1）事故情况上报事项　事故单位负责人接到报告后，应当于1小时内向事故发生地县级以上人民政府安全生产监督管理部门和负有安全生产监督管理职责的有关部门报告。报告内容应当包括：事故发生单位概况；事故发生时间、地点以及事故现场情况；事故的简要经过；事故已经造成或者可能造成的伤亡人数和初步估计的直接经济损失；已经采取的措施；其他应当报告的情况。

（2）需向事故调查处理小组移交的相关事项　未造成人员伤亡的一般事故，事故发生单位可以自行组织事故调查组进行调查。特别重大事故由国务院或者国务院授权的有关部门组织事故调查组进行调查；重大事故由事故发生地省级人民政府组织事故调查组进行调查，或授权、委托有关部门组织事故调查组进行调查；较大事故由设区的市级人民政府或授权、委托有关部门组织事故调查组进行调查；造成人员伤亡的一般事故由县级人民政府负责调查，也可以授权或委托有关部门组织事故调查组进行调查。事故发生单位应提供有关资料、数据等配合调查组进行调查。

（3）事故应急救援工作总结报告　应急结束后，应由应急总指挥组织有关救援人员和企业内其他管理人员对事故救援情况进行总结，编写救援工作总结报告。事故应急救援总结应包括：应急预案的实施情况；应急反应的及时性；应急组织的协调配合情况；应急设备的充分性；人员的疏散情况；应急医疗救护情况；人员伤亡情况等。

 示例：

某企业应急响应终止条件

① 事故现场得以控制。

② 环境符合有关标准。
③ 导致次生、衍生事故隐患消除。
④ 经公司应急领导小组宣布应急状态终止命令。

当公司级突发事件应急处置相关工作结束，或相关危险因素排除后，现场应急指挥部确认应急状态可以解除时，应向公司应急领导小组报告，由公司应急领导小组组长发布应急状态解除命令，宣布应急状态解除。

第四节　专项应急预案的编制要点

企业专项应急预案是以事故（事件）风险分析为基础，结合各相关部门应急分工，通过精心策划应急救援活动各环节的实施细则，而编制的旨在应对某一种类事故或事件的应急预案。专项应急预案是针对某一类型或某几种类型事故，或针对重要生产设施、重大危险源等内容制定的应急计划或方案，如爆炸着火突发事件专项应急预案、危险化学品运输突发事件专项应急预案、化学品严重泄漏和中毒突发事件专项应急预案、公共卫生突发事件专项应急预案、自然灾害突发事件专项应急预案等。专项应急预案是企业应急预案体系的重要组成部分，是对综合应急预案局部的细化和补充。

专项应急预案的编制目的与综合应急预案一致，旨在为保护员工、相关方和人民群众的生命安全，保障生产安全，保护环境安全，减少财产损失，维护企业社会形象而制定的企业内部制度性文件，将风险管理的思想和机制引入企业管理，使企业面对各类突发事件时，能够快速反应、有效控制和妥善处理，保证应急工作科学有序，为企业生产运行提供安全稳定的保障。

一、编制要素

1. 适用范围

说明专项应急预案适用的范围，以及与综合应急预案的关系。

2. 应急组织机构及职责

明确应急组织形式（可用图示）及构成单位（部门）的应急处置职责、应急组织机构以及各成员单位或人员的具体职责。应急组织机构可以设置相应的应急工作小组，各小组的具体构成、职责分工及行动任务建议以工作方案的形式作为附件。

3. 响应启动

明确响应启动后的程序性工作，包括应急会议召开、信息上报、资源协调、信息公开、后勤及财力保障工作。

4. 处置措施

针对可能发生的事故风险、危害程度和影响范围，明确应急处置指导原则，制定相应的应急处置措施。

5. 应急保障

根据应急工作需求明确应急保障的内容。

专项应急预案包括但不限于上述内容。

二、专项应急预案编制要求

1. 突出重点风险

专项应急预案是针对某一种类事故或事件的，这些种类的事故事件往往是风险比较大的（包括影响面较大的事件）。对于风险比较小的事故事件可以不做专项应急预案。因此，专项应急预案"事故风险分析"要素中，应当对这些种类的事故事件做出具体的分析说明。专项应急预案不应当追求"大而全"。

2. 无缝衔接专项应急预案与综合应急预案

专项应急预案是综合应急预案的局部详细描述，因此，未列入专项应急预案的事故事件，其风险分析应当被涵盖在综合应急预案中。

3. 专项应急预案必须具备的组成要素

专项应急预案包括事故风险分析、应急组织机构及职责、应急处置。根据业务范围的差异，上述三个要素可以冠以不同的名称，但内涵要一致。除此三个要素外，为了保证专项应急预案的可执行性，预案内容还可以增加与专项应急救援活动有关的信息传递、行为规范、文件管理等内容，这些内容应当具体。

三、专项应急预案的类型

专项应急预案是针对具体的事故类别（如煤矿瓦斯爆炸、危险化学品泄漏火灾、某一自然灾害等事故）、危险源和应急保障而制订的计划或方案，充分考虑了某种特定危险的特点，具有较强的针对性。

企业应根据事故风险分析的结果，并结合企业生产规模、风险种类、使用范围、适用群体等条件，选择某一种风险或者某几种类型风险合并的方法进行分类并编制专项应急预案。如可制作地震专项应急预案、极端天气专项应急预案、地质事件专项应急预案等，也可以将以上几部分合并一起制作自然灾害专项应急预案。

生产规模小、风险种类少的企业可根据本单位应急工作实际需要确定是否编制专项应急预案，可考虑与综合应急预案合并编写。以下列出企业可能涉及的部分专项应急预案清单，可参考表 4-17。

表 4-17 专项应急预案清单

序号	突发事件类型	风险类型	某石化公司专项应急预案组成举例
1	自然灾害	地震	自然灾害突发事件应急预案
		洪汛	
		极端天气	

续表

序号	突发事件类型	风险类型	某石化公司专项应急预案组成举例
1	自然灾害	地质	自然灾害突发事件应急预案
		……	
2	事故灾害	生产运行事件	（1）生产运行突发事件应急预案 （2）特种设备突发事件应急预案 （3）罐区及炼化装置爆炸着火突发事件应急预案 （4）危险化学品运输突发事件应急预案 （5）危险化学品严重泄漏和中毒突发事件应急预案 （6）环境突发事件应急预案
		特种设备事件	
		火灾爆炸事件	
		危险化学品运输事件	
		危险化学品严重泄漏和中毒事件	
		环境事件	
		……	
3	公共卫生	公共卫生事件	公共卫生突发事件应急预案
		……	
4	社会安全	群体事件	（1）群体性突发事件应急预案 （2）网络、信息与通讯网络事件应急预案 （3）涉外突发事件应急预案 （4）公共文化场所和文化活动突发事件应急预案 （5）新闻媒体突发事件应急预案
		网络、信息与通讯网络事件	
		涉外事件	
		公共文化场所和文化活动事件	
		新闻媒体事件	
		……	

专项应急预案的种类确定应本着"因地制宜、按需编制"的原则，各企业根据自己的生产特点、外部环境等实际情况，制定本企业适用的专项应急预案。例如：某石化公司炼油化工生产从原料到产品生产过程中，包括半成品、中间体、溶剂、添加剂、催化剂、试剂等，绝大多数属于易燃、易爆、有毒、易腐蚀的危险化学品，它们又多以气体和液体状态存在，极易泄漏和挥发；生产过程工艺操作条件苛刻，具有高温、高压、真空、深冷、临氢等特点；生产过程中部分原料和产品对设备具有较强的腐蚀性，同时生成新的腐蚀性物质，如硫化氢、氮氧化物等，可使设备壁厚减薄、变脆，承受压力下降，降低设备使用寿命，缩短装置运行周期，极易发生泄漏或爆炸着火事故；炼油化工生产工序多，过程复杂，具有高度的连续化生产特点。公司内部厂际之间、车间之间、工序之间原料产品互供互用，是一个组织严密，相互依存，高度统一的有机整体，任何一个厂或一个车间，乃至一道工序发生事故，都会影响到全局。因此，可能发生的事故灾难风险种类多，不能简单地一概而论，可以分成生产运行、特种设备、罐区及炼化装置爆炸着火、危险化学品运输、严重泄漏和中毒、环境突发事件6个专项应急预案，以保证专项应急预案的科学性和针对性。

企业在专项应急预案编制过程中，应遵循"业务部门牵头，其他部门配合"的原则。一些传统观念认为，专项应急预案应该由安全部门牵头组织编制，由此可能造成人力、物力、信息等资源配置不足，编制的应急预案针对性不强，可操作性不高。因此，专项应急预案由各自业务部门牵头组织，根据各自专业领域的风险制定行之有效的专项处置措施，既突出了"管业务必须管安全"的理念，又提高了专项应急预案的编制质量，使得专项应急预案更加符合实际。如某石化生产运行突发事件专项应急预案由生产技术部门牵头编制，特种设备突发事件专项应急预案由机动部门牵头编制，环境突发事件专项应急预案由环境监测与管理部门牵头编制，新闻媒体突发事件专项应急预案由企业文化处牵头组织编制，其他部门如总经理办公室、安全处、消防队、医院、治安保卫部根据总体预案职责的分工各自在专项应急预案中履职，分别对各自所在的生产工艺组、安全环保组、抢修清理组、治安保卫组的相关内容参与编制和评审。最终使得总体应急预案与专项应急预案前后呼应、相互补充，形成完整的应急预案体系。

第五节　现场处置方案的编制要点

现场处置方案是应急预案体系的重要组成部分，能够指导现场应急抢险救援人员针对不同的炼化生产装置特性，采取相应的应急处置程序，从而减少和避免次生事故事件的发生。现场处置方案是针对具体的生产装置、生产场所或设备设施、操作岗位所制定的应急处置措施。现场处置方案应具体简单、针对性强。现场处置方案应根据风险评估及危险性控制措施逐一编制，做到相关人员应知应会，熟练掌握，并通过应急演练，做到迅速反应、正确处置。

一、编制要素

1. 事故风险描述

描述事故风险评估的结果（可以列表的形式附在附件中）。

2. 应急工作职责

明确应急组织分工和职责。

3. 应急处置

主要包括以下内容：

（1）应急处置程序　根据可能发生的事故及现场情况，明确事故报警各项应急措施启动、应急救护人员的引导、事故扩大及同生产经营单位应急预案的衔接程序。

（2）现场应急处置措施　针对可能发生的事故从人员救护、工艺操作事故控制、消防、现场恢复等方面制定明确的应急处置措施。

（3）其他　明确报警负责人以及报警电话及上级管理部门、相关应急救援单位联络方式和联系人员，事故报告基本要求和内容。

4. 注意事项

注意事项包括人员防护和自救互救、装备使用、现场安全方面的内容。

5. 附件

（1）生产经营单位概况　简要描述本单位地址、从业人数、隶属关系、主要原材料、主要产品、产量，以及重点岗位、重点区域、周边重大危险源、重要设施、目标、场所和周边布局情况。

(2）风险评估的结果　简述本单位风险评估的结果。

(3）应急预案体系与衔接　简述本单位应急预案体系构成和分级情况，明确与地方政府及其有关部门、其他相关单位应急预案的衔接关系（可用图示）。

(4）应急物资装备的名录或清单　列出应急预案涉及的主要物资和装备名称、型号、性能、数量、存放地点、运输和使用条件、管理责任人和联系电话等。

(5）有关应急部门、机构或人员的联系方式　列出应急工作中需要联系的部门、机构或人员及其联系方式。

(6）格式化文本　列出信息接报、预案启动、信息发布等格式化文本。

(7）关键的路线、标识和图纸　包括但不限于：

① 警报系统分布及覆盖范围；
② 重要防护目标、风险清单及分布图；
③ 应急指挥部（现场指挥部）位置及救援队伍行动路线；
④ 疏散路线、集结点、警戒范围、重要地点的标识；
⑤ 相关平面布置、应急资源分布的图纸；
⑥ 生产经营单位的地理位置图、周边关系图、附近交通图；
⑦ 事故风险可能导致的影响范围图；
⑧ 附近医院地理位置图及路线图。

(8）有关协议或者备忘录　列出与相关应急救援部门签订的应急救援协议或备忘录。

二、现场处置方案编制要求

《生产安全事故应急预案管理办法》（原安监总局88号令）明确规定：对于危险性较大的场所、装置或者设施，生产经营单位应当编制现场处置方案。即现场处置方案是针对具体的装置、场所或设施、岗位所制定的应急处置措施，现场处置方案应具体、简单、针对性强。

现场处置方案编制的目的和作用决定其基本要求。因此，对于现场处置方案来说，一般应具有以下几点基本要求：

1. 要具有满足现场实际的可操作性

现场处置方案就是为所有参与现场应急处置的部门和人员提供详细、具体的应急指导，必须符合和满足现场实际应急操作的需要。现场处置方案应有明确针对的事故类型，执行应急处置任务的主体、时间和地点，具体的应急行动、行动步骤和行动标准等，使参与现场应急处置的人员参照现场处置方案便可以快速有效地开展应急工作，而不会受到紧急情况的干扰导致手足无措，甚至出现错误的行为。

2. 要具有一定的针对性

应急救援活动由于事故发生的种类、地点和环境、时间、事故演变过程的差异而呈现出复杂性，现场处置方案是依据危险源与风险分析的结果和风险管理要求，结合参与应急处置的部门和人员各自的应急职责和任务而编制相应的程序。每个现场处置方案必须紧紧围绕现场可能发生的事故状况、应急主体的应急功能和任务来描述应急行动的具体实施内容和步骤，要有一定的针对性。

3. 要具有协调一致性

在应急救援过程中会有不同的应急部门或应急人员参与，并承担不同的应急职责和任务，开展各自的应急行动，因此现场处置方案在应急职责及与其他人员配合方面，必须要考虑相互之间的接口，应与综合应急预案的要求、专项应急预案的应急内容、附件提供的信息资料以及其他现场处置方案协调一致，不应该有矛盾或逻辑错误。如果应急活动可能拓展到单位外部，在相关现场处置方案中应留有与外部应急救援组织机构的接口。

4. 要具有连续性

应急救援活动包括应急准备、初期响应、应急扩大、应急恢复等阶段，是连续的过程。为了指导应急部门或人员能在整个应急过程中发挥其应急作用，现场处置方案必须具有连续性。同时，随着事态的发展，参与应急的组织和人员会发生较大变化，因此还应注意现场处置方案中应急功能的连续性。

三、常见现场应急处置措施

以液氯泄漏事故为例。

液氯是剧毒化学品，如果发生泄漏，液氯会汽化成氯气，扩散造成空气污染或引发爆炸，控制不当，后果十分严重。此类事故影响城市安全，社会危害极大。液氯泄漏会造成人员中毒并污染环境，是一种需要立即采取紧急处置的事故。现在罐区现场在不同位置安装了 6 个氯气报警器，一旦现场出现氯气泄漏的情况，其密度大于空气的密度，会飘至地面，浓度超过 $0.1mg/m^3$ 便会触发氯气报警器报警。下面以氯气小量泄漏为例，制作现场应急处置措施。

分析液氯小规模泄漏的后果就是液氯连续泄漏，一般是因为储罐或管道破裂、阀门损坏，若泄漏位置在高处，有毒气体向下风扩散可能导致人员中毒，因此在应急物资的准备中，首先要准备的就是防毒面具。然后由于这种小量连续的泄漏，如果不对泄漏源头加以控制，则可能导致大量泄漏，将事故扩大，所以在发现泄漏时应尽快找到漏点，使用工艺措施降低该泄漏储罐的压力，使泄漏减弱，方便对漏点进行堵漏，然后再根据危险源辨识结果分析出的不同部位的液氯泄漏情况采取不同的堵漏手段，随后采取后续救援隔离措施。现场人员发现险情应做如下操作。

1. 进入现场

应急人员佩戴过滤式防毒面具进入事故现场。

2. 查找漏点

根据氯气是淡黄色气体，比空气重的特性查找泄漏点，必要时使用氨水查找漏点。

3. 对泄漏储罐进行泄压

为减少泄漏量，同时也为了后续能够有效堵漏，需对泄漏储罐进行泄压（打开储罐去缓冲罐的阀门，同时为了不让原料氯气泄到缓冲罐，要关掉去尾气分配台的阀门）。

4. 撤离无关人员，对现场隔离

根据氯气的特性，在发生氯气泄漏事故时，应首先设定初始隔离区（隔离区设定参照表4-18），封锁现场，沿逆风或侧风向紧急疏散无关人员，实行交通管制。救援、处理人员等避免在下风向、低洼地带滞留。

表 4-18 发生氯气泄漏时疏散距离的设定

一般事故			重大事故		
小泄漏（小于 200 升）			大泄漏（大于等于 200 升）		
首次隔离距离/米	下风向撤离范围/公里		首次隔离距离/米	下风向撤离范围/公里	
	白天	夜晚		白天	夜晚
30	0.3	1.1	275	2.7	6.8

5. 同时对伤员进行救护

应急救援人员必须佩戴过滤式防毒面具（必要时佩戴正压式空气呼吸器）进入现场，沿逆风或侧风向将患者转移至空气新鲜处，根据受伤情况进行现场急救，情况需要应迅速送往医院抢救。注意：抢救中毒伤员，抢修、救护人员必须佩戴有效防护面具。

6. 处理泄漏氯气

将负风压机吸收管拉到泄漏点，将泄漏出来的氯气抽走送到废气处理。

7. 工艺倒槽

快速采取倒槽等工艺处理措施，及时关停相关设备或堵漏。应急处置步骤参照液氯储罐密封点泄漏事故应急处置卡，如图 4-8 所示。

图 4-8 液氯储罐密封点泄漏事故应急处置卡

8. 实施堵漏

倒槽的同时也要对泄漏点实施堵漏，快速切断气源。根据识别出来的紧急情况可知，泄漏发生的具体位置各不相同，有储罐焊缝、管道、人孔缝隙、阀门等不同位置的泄漏。针对不同泄漏位置、泄漏形式有不同的堵漏处置方法，见表4-19，也会用到不同的堵漏器材，具体工具参照处理氯气泄漏事故中常用的堵漏器材（表4-20）和使用范围。

表 4-19 不同泄漏位置的堵漏处置方法

泄漏形式	堵漏处置方法
微孔跑冒滴漏	用竹、木签插入再用锤子轻轻锤砸，或把螺丝钉插入孔内并粘住

续表

泄漏形式	堵漏处置方法
储罐、储槽、钢瓶壁撕裂泄漏	用充气袋、充气垫等包裹储罐、储槽等的外部
压力管道泄漏	用捆绑式充气堵漏带等专用器具实施堵漏
阀门法兰盘或法兰垫片损坏泄漏	用不同型号的法兰夹具注射密封胶进行封堵
阀门管道有砂眼或裂缝造成泄漏时	将储槽泄压,用浸水的纱头放在泄漏处,利用液氯汽化吸收热量,让其结成冰,暂时延缓泄漏
进液阀发生泄漏	立即关闭进液阀,液氯少的时候,可以进行抽空处理;液氯多的时候,利用中间槽进行倒槽,并停止包装,进行倒槽操作

表 4-20 处理氯气泄漏事故中常用的堵漏器材

序号	器材、护具名称	适用范围
1	竹、木或橡胶质的堵漏楔	液氯储罐罐壁孔洞、裂缝堵漏
2	管道密封套	氯气输送管道泄漏
3	堵漏气塞(内封式堵漏袋)	输送管道断裂或氯气容器壁破损口封堵
4	注胶堵漏器具	氯气储罐或管道阀门堵漏
5	磁压堵漏器具	大直径氯气储罐和管线的堵漏作业
6	堵漏专用工具(锤、钳、扳手等)	钢瓶泄漏专用

9. 工程抢险,对设备进行抢修

为控制泄漏源,防止次生灾害(氯气储罐爆炸引发更大的泄漏事故),现场处理完毕后应由专业团队对现场设备进行及时抢修。

第六节 应急预案实例

一、综合应急预案

××公司综合应急预案

为认真贯彻落实《中华人民共和国安全生产法》《中华人民共和国突发事件应对法》《建设工程安全生产管理条例》《某某工程项目经理部安全生产管理办法》等国家和地方有关安全生产的法律法规以及相关文件要求,增强忧患意识,提高自防自救能力,最大限度地减少事故损失和人员伤亡,结合本施工部位的特点,特制定本预案。

(一)编制的基本原则

(1)坚持"安全第一,预防为主,综合治理"的方针;
(2)坚持统一领导、统一指挥、紧急处置、快速反应、分级负责、协调一致的原则;
(3)坚持做到施工过程中一旦出现重大安全事故及重大安全风险,能够迅速、快捷、有

效地启动应急救援系统;

(4)通过强化日常安全监督检查及现场管理,落实各级安全责任,查堵各种事故隐患,降低事故的后果,减少人员伤亡、财产损失和环境破坏。

(二)编制依据

(1)《中华人民共和国安全生产法》;
(2)《中华人民共和国职业病防治法》;
(3)《中华人民共和国消防法》;
(4)《危险化学品安全管理条例》;
(5)《特种设备安全监察条例》;
(6)《重大事故应急救援系统及预案导论》;
(7)《中华人民共和国突发事件应对法》;
(8)《建设工程安全生产管理条例》;
(9)《中华人民共和国道路交通安全法》。

(三)适用范围

本应急救援预案适用于某某工程项目经理部所有施工项目。

(四)应急管理体系网络图

应急管理体系网络见图4-9。

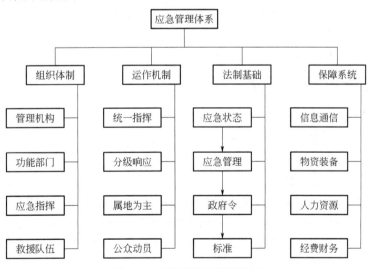

图4-9 应急管理体系网络图

(五)应急指挥领导小组

组　　长:
副组长:
组　　员:
职　　责:负责组织与指挥整个事故现场的抢救工作,向各应急小组调配应急所需的资源

（人力、物力、资金）并对突发事件的应急响应工作做出决定。

（六）应急领导小组职责

（1）该机构负责应急救援预案的合理策划，对重大危险源的调查，结果包括标段内重大危险源的数量、分布情况、重大事故隐患情况，功能区布置及相互影响情况，周边重大危险源可能带来的影响，负责标段内各项应急救援预案的编制、审查、完善等工作；

（2）该机构负责应急救援预案的接警确定、应急启动、现场救援、应急恢复、应急结束等各项工作；

（3）负责对事故现场发生的紧急情况进行人员、资金、物资、设备的支持及指导；

（4）对有关事故救援人员的奖惩做出决定；

（5）组织应急救援预案的日常演练及对职工的教育培训等工作。

（七）应急领导小组组长职责

（1）负责施工部位的应急工作的全面领导；

（2）指挥副组长及应急领导小组负责人的具体工作；

（3）确定应急预案的启动等级；

（4）负责事故现场的应急抢险全面指挥；

（5）对事故现场发生的紧急情况进行人员、资金、物资、设备的支持；

（6）按照发生事故的等级，确定向上级及有关政府管理部门报告事故情况；

（7）确定应急救援响应的解除；

（8）组织有关人员对事故进行初步的调查、分析，配合有关部门对事故的调查、取证，提出对有关施工责任人员的处理等；

（9）负责组织日常应急救援预案的演练。

（八）应急领导小组副组长职责

（1）配合组长负责本标段的应急工作；

（2）组长不在时，依次接替行使组长职责；

（3）配合组长确定应急预案的启动等级；

（4）负责事故现场的应急抢险指挥；

（5）对事故现场发生的紧急情况进行人员、资金、物资、设备的支持与指导；

（6）按照发生事故的等级，落实向上级及有关政府管理部门报告事故情况；

（7）组织有关人员对事故进行初步的调查、分析，配合有关部门对事故的调查、取证，提出对有关施工责任人员的处理等；

（8）负责督促落实日常应急救援预案的演练。

（九）应急救援领导小组组员职责

（1）按照各自分工及管辖区域具体落实本标段的应急工作；

（2）指导各管段做好应急管理工作；

（3）负责单位的应急管理工作，做好组长、副组长的参谋；

（4）负责审查各管段的应急预案；

（5）指导各管段做好应急演练工作。

（十）现场应急救援组织机构

1．现场应急救援组

组长：
副组长：
抢险方案组：
救援抢险组：
疏散引导组：

2．对上对外联络协调组

警戒保卫组：
后勤保障组：
医疗救护组：
物资设备组：
资金筹备组：

3．行动组成员

由项目部按职能分工及需要配备相对固定的人员组成。应急抢险队伍由项目部组成，并报项目部备案。

（十一）应急抢险救援组职责

1．组长

负责确定现场潜在安全事故和紧急情况，组织制定现场的应急和响应预案，落实各项应急准备工作，并定期组织进行应急演练；在发生火灾事故和紧急情况，进行现场安全事故和紧急情况的评估，组织现场的应急抢险救援，及时向上级和有关地方管理部门、组织、机构联络和报告事故情况；做好应急救援处理现场指挥权转化后的移交和应急救援处理协助工作；组织做好事故现场的保护及善后处理工作。

2．副组长

配合总指挥完成各项应急准备工作，在总指挥不在现场的情况下，依次行使总指挥权利。

3．抢险方案组

根据事发现场情况，以最短的时间、最快的速度查明事故现场的基本情况，制定现场应急救援方案。如工程拆除、爆破、支撑加固、清理挖掘土石方等抢险方案。

4．救援抢险组

负责施工现场安全事故和紧急情况的应急抢险工作，根据抢险方案，明确成员分工，迅速开展救援活动,尽可能抢救受伤人员和财产,防止事故扩大,减少伤亡和财产损失。同时做好现场防护工作,防止次生事故发生,保障救援人员安全。

5. 疏散引导组

负责现场疏散逃生路线的确定和标志的设置,在发生事故和紧急情况时,组织引导现场危险区域人员正确及时撤离、疏散、逃生。

6. 对上对外联络协调组

根据现场指挥的授权,如实报告、发布事发现场情况,做好沟通协调工作。

7. 警戒保卫组

负责报警设备的配备,根据领导指示及现场情况,及时向有关地方消防、医疗、电力、电信、交通管制、抢险救援等各公共救援部门报警联络,确定警戒范围,设置警戒区域,维护现场秩序,疏通道路,劝说围观群众离开事发现场等警戒工作,引导外部救援进入现场,并负责事故现场的保护工作。

8. 后勤保障组

负责通知各有关人员迅速赶到现场,做好事发现场救援的后勤保障服务工作。

9. 医疗救护组

准备现场医疗器械,负责现场伤亡人员的现场救护、送往医院救治工作。

10. 风险物料设备的转移和保卫组

负责识别现场风险物料设备,对其进行转移和保卫。

11. 物资设备组

负责应急抢险救援物资设备的配备、租赁、购置和维护保养,在发生事故和紧急情况时,及时提供相应物资设备。

12. 资金筹备组

负责应急物资的管理,禁止挪作他用,在发生事故时,确保资金充足、及时。

13. 现场其他人员

迅速撤离危险场所和区域,服从指挥,有报警和帮助警戒、转移危险物料等义务。
应急救援领导小组办公室设在指挥部办公室。

(十二)管段内重大危险源及安全生产重大隐患的分析及采取的对策

1. 重大危险源及安全生产重大隐患分析

经过分析排查,本施工段内高空落物、交通事故、碰撞、垮塌为重大危险源,安全生产重大隐患有以下方面：火工品（雷管、炸药）的管理、运输、储存、使用不当，乙炔、氧气使用、储存、管理不当，容易引起火灾、爆炸事故及人员伤亡。

2. 采取的对策

以火灾事故为例，采取的应急救援对策如下：

（1）发生火灾时，先正确确定火源位置，火势大小，及时利用现场消防器材灭火，控制火势，组织人员撤出火区。

（2）拨打就近的消防 119 火警电话和就近医院 120 抢救电话寻求帮助，并在最短时间内报告指挥部办公室。

（3）启动《防火灾事故应急救援预案》。

（十三）应急救援物资准备

应急救援物资明细见表 4-21。

表 4-21 项目部应急救援物资明细表

序号	品名	数量	存放地点	备注
1	应急车辆	5 辆	项目部	
2	吊车（25t）	2 辆	现场	
3	发电机	2 台	现场	
4	抽水泵	5 台	现场	
5	应急照明灯	50 个	项目部	
6	手电筒	50 个	项目部	
7	扩音喇叭	5 个	项目部	
8	对讲机	3 对	项目部	
9	铁锹	50 把	项目部	
10	安全帽	50 顶	项目部	
11	备用电缆	500 米	项目部	
12	担架	2 副	项目部	
13	绷带	若干	项目部	
14	急救箱（附急救药品）	5 个	项目部	
15	消防车	2 辆	现场	
16	灭火器	50 个	项目部和现场	
17	灭火沙	10t	项目部和现场	
18	水桶	10 个	项目部	
19	消防锹	10 把	项目部	
20	氧气袋	10 个	项目部	

（十四）事故应急救援体系响应程序

事故应急救援体系响应程序见图 4-10。

1. 接警与响应级别确定

接到事故报警后，按照工作程序，对警情作出判断，初步确定相应的响应级别。如果事故不足以启动应急救援体系的最低响应级别,响应关闭。

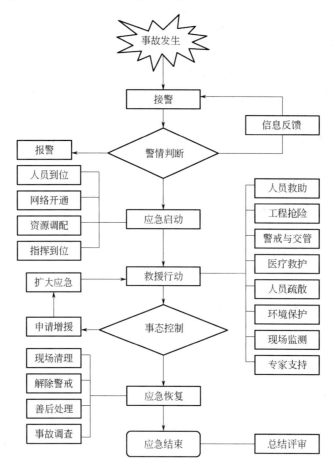

图 4-10 事故应急救援体系响应程序

(1)施工现场发生事故时,现场第一发现人应立即报告施工队负责人事故的基本概况,同时,现场如果发生人身伤害时,第一发现人还需积极做好紧急包扎抢救工作。

(2)施工队负责人收到现场第一发现人的报告后,应迅速做出判断,根据事故的初步状况、人员伤亡情况,判断是否需要启动应急预案。同时立即向分部负责人进行汇报。

(3)施工队负责人必须在 20 分钟内赶到事故现场,对事故现场进行准确的勘查了解,并组织现场进行临时指挥救援抢险。待上级应急救援指挥人员到达后,听从上级的指挥。

(4)分部负责人在接到施工队负责人及现场人员的汇报后,应在最短的时间内到达事故现场,掌握、了解事故发生的真实情况,进一步落实是否需要启动应急预案,并及时向项目部汇报。同时,做好各项应急救援的前期准备工作,救援人员等接到项目部的通知后,立即进行救援抢救等各项工作。

2. 响应启动

应急响应级别确定后,按所确定的响应级别启动应急程序,如通知应急中心有关人员到位、开通信息通讯网络、通知调配救援所需的应急物资(包括应急队伍和物资、装备等)、成立现场指挥部等。

（1）项目部在接到事故报告后，应组织人员，按照应急救援预案内的岗位分工，确定启动应急救援预案和应急程序。

（2）项目部有关人员应以最短的时间，赶到事故现场，按照分工，各自开展事故救援工作。

（3）根据现场的汇报，确定事故的性质及等级，按照规定向当地政府有关部门及建设指挥部和上级汇报。（如事态扩大，需要当地医院、消防、武警部队、公安部门等单位的协助支持，还需向当地人民政府汇报，请求支援）

3. 救援行动

有关应急救援队伍进入事故现场后，迅速开展事故侦测、警戒、疏散、人员救助、工程抢险等有关应急救援工作，专家组为救援决策提供建议和技术支持。当事态超出响应级别无法得到有效控制时，向应急中心请求实施更高级别的应急响应。

（1）发现事故隐患或事故后，在保证安全的情况下，对受伤人员实施抢救，并迅速向应急指挥领导小组报告，必要时同时拨打119电话报警。

（2）应急指挥领导小组接到报告后，组长要迅速通知领导小组成员到达事故现场，按照事先分工分别负责现场扑救、人员疏散、伤亡人员抢救、财产转移等工作。

（3）在消防人员到来之前，应急救援小组利用现有的灭火器材进行灭火，转移火灾现场的易燃易爆物品等危险品，控制火灾的扩大和蔓延。同时转移现场的贵重物品、材料，尽可能减少人员伤亡、财产损失及其他损失。

（4）在灭火和控制火灾蔓延的同时，人员疏散组协助、指导火灾现场内的人员有组织、有秩序地进行疏散。避免人员慌乱无措或疏散不畅而挤伤。要及时对人员进行集中清点，发现人数不足时要及时组织查找抢救。

（5）救护组对现场受伤的人员立即用自备车辆送往协作医院进行抢救，并及时报告受伤人员的数量和受伤情况、通知医院做好抢救准备。若现场伤亡人员较多时，及时通知协作医院派人到现场给予紧急救助和做好人员的转移等工作。

（6）若现场火灾情况较严重，已超出现场救灾人员控制范围和抢救能力时，应急小组应组织抢救人员迅速撤到安全场所，等待消防队员前来灭火。

（7）如需当地起重救援设备的支援时，及时与有关部门进行联系，确保救援胜利开展。

4. 应急恢复

救援行动结束后进入临时应急恢复阶段，该阶段主要包括现场清理、人员清点和撤离、警戒解除、善后处理和事故调查等。

（1）指挥部在得到事故现场的事故救援情况汇报后，确定救援行动的结束，并通知有关人员。

（2）项目部、工区、施工队现场有关人员在得到救援结束的通知后，按照分工，进行现场物品的清点、清理，警戒解除。

（3）由项目部现场负责人召集项目部有关各组负责人，应对事故的调查作出初步的定论，明确事故性质、责任人员、事故损失、人员伤亡、经济损失等。

（4）项目部在应急恢复后及时将事故的有关情况按照规定，分别向项目部及有关单位、部门、上级等汇报。

5. 应急救援结束

（1）由应急救援总指挥宣布应急结束，执行应急关闭程序。
（2）做好现场撤离和交接程序。
（3）使现场恢复正常的程序。
（4）清理现场和受影响区域的连续检测等工作。
（5）做好事故调查与后果评价、评审等工作。

（十五）应急救援演练

应急预案的演练是检验、评价和保持应急能力的一个重要手段。其重要作用突出体现在：可在事故真正发生前暴露预案和程序的缺陷，发现应急资源的不足（包括人力和设备等），改善各应急部门、机构、人员之间的协调性，增强公众应对突发重大救援的信心和应急意识，提高应急人员的技术熟练程度和技术水平，进一步明确各自的岗位与职责，提高各级预案之间的协调性，提高整体应急反应能力。

1. 桌面演练

项目部应急管理机构将组织应急领导小组有关人员，工区、施工队关键岗位和有关代表参加，每年至少组织两次综合应急演练或专项应急演练，每半年至少组织一次现场处置方案演练。主要是对演练的情景进行口头演练，其目的是锻炼参演人员解决问题的能力，以及解决应急组织相互协调和职责划分的问题。演练结束后，进行总结，一般采取口头评论形式收集参演人员的建议，总结演练活动和提出有关改进应急响应工作的建议。

2. 全面演练

针对应急预案中全部或大部分应急响应功能，检验、评价应急组织应急运行能力的演练活动。由项目部应急管理机构组织，应急领导小组有关人员，各工区、施工队关键岗位和有关代表参加，进行全面演练。采取交互式方式进行，演练过程要求尽量真实，按照现场应急救援的方式进行，调用更多的应急人员及资源，并开展人员、设备及其他资源的实战性演练，以检验相互协调的应急能力。演练结束后，除采取口头评论、书面汇报外，还应提交正式的书面报告。每年进行一次演练。

（十六）应急抢险救援注意事项

（1）不得强令冒险救援抢险，人员不得在不可靠的措施下冒险进入危险区域和场所。
（2）应急抢险物资不得随意挪作他用。
（3）较大、重大、特大事故由项目部启动应急救援预案。一般事故由项目部启动应急救援预案，项目部制定的救援预案报指挥部备案。

附件：安全应急救援领导小组联系方式及急救电话（表4-22）。

表4-22　应急救援领导小组名单及联系电话

序号	姓名	职务	联系方式
1			

续表

序号	姓名	职务	联系方式
2			
3			
4			
5			
6			
7			
8			
9			
10			
11			
12			
13			

火警：119

急救：120

人民医院：

二、专项应急预案

××公司高空坠落专项应急预案

（一）事故类型及危害程度分析

1. 事故类型

依据高处坠落事故对人体伤害的坠落方式，把高处坠落事故大体分为如下类型：洞口坠落（预留口、通道口、楼梯口、电梯口、阳台口坠落等）；脚手架上坠落；悬空高处作业坠落；石棉瓦等轻型屋面坠落；拆除工程中发生的坠落；登高过程中坠落；梯子上作业坠落；屋面作业或桥面作业坠落；其他高处作业坠落（铁塔上、电杆上、设备上、构架上、树上，以及其他各种物体上坠落等）。

2. 危害程度

发生高处坠落事故后会造成人员伤亡或财产损失。

（二）应急处置基本原则

1. 迅速行动、灵活应对

处理事故险情时，由项目部事故应急救援指挥领导小组启动本预案并实施。

2. 以人为本

险情处理应首先保证人身安全（包括救护人员和遇险人员）。

3. 强化防护

迅速疏散无关人员,阻断危险物质来源,防止次生事故发生。

(三) 应急组织机构及职责

1. 应急组织体系

项目部事故应急救援组织体系由项目行政主管领导和分管安全生产的领导与办公室、工程部、设备部、物资部、安质环保部、财务部、单位事故应急救援组织机构的负责人组成。

2. 指挥机构及职责

(1) 指挥机构 项目部事故应急救援指挥领导小组由抢险组、救护组、疏导组、保障组、善后组、调查组和现场应急组织机构组成。

事故应急救援指挥部办公室设在安质环保部,值班电话为××××××,项目部事故应急自救办公室应设在办公室,明确24小时值班、值班人员和固定电话。

抢险组:由安质部、工程部、机动部、物资部、项目自救领导小组和应急救援队伍组成。

救护组:由安质环保部负责人和事故所在地医疗机构组成。

疏导组:由安质环保部负责人和部门人员组成。

保障组:由办公室、工程部、设备部、物资部、财务部负责人组成,必要时邀请技术专家加入。

善后组:由项目办公室、计划部、财务部负责人组成。

调查组:由工程部、设备部、物资部负责人组成。

现场应急组织机构:由项目管理人员及现场所属单位有关人员组成。

(2) 事故应急救援指挥部职责

① 总指挥的职责:

a. 贯彻国家、地方、行业等上级有关安全应急管理的法律法规、标准和规程;

b. 组织实施单位应急预案,掌握单位事故灾害及险情情况,解决应急工作中的重大问题;

c. 根据事故现场的情况,下令进入相应级别的应急状态,必要时向上级(相关单位)应急救援机构报告有关情况;

d. 确保应急资源配备投入到位,组织项目总体应急演练,指挥项目总的应急行动。

② 副总指挥的职责:

a. 协助总指挥开展应急指挥工作,总指挥不在位时,代行其职责;

b. 组织编制应急预案,监督落实项目应急行动程序,督促检查主管部门搞好培训、演习;

c. 进入应急状态时,负责事故现场指挥,并根据险情发展情况,提出改进措施;

d. 组织指挥善后现场恢复。

③ 应急办公室职责:

a. 掌握项目事故灾害及险情情况,及时向总指挥报告;

b. 负责项目应急处置所需资源的统一调配,传达应急各项指令;根据总指挥指令负责向当地人民政府（相关单位）应急机构报告险情及信息沟通。

④ 抢险组职责：实施应急处置时，根据现场情况，适时调整并调集人员、设备和物资抢救受伤人员。

⑤ 救护组职责：负责现场伤员的医疗抢救工作，根据伤员受伤程度做好转运工作。

⑥ 疏导组职责：维护现场，将获救人员转至安全地带；对危险区域进行有效的隔离。

⑦ 保障组职责：负责应急救援方案的制定，并保证应急处置的通信、物资、设备和资金及时到位及后勤保障。

⑧ 善后组职责：妥善安置伤亡人员和安抚伤亡人员的家属，按有关规定做好理赔工作。

⑨ 调查组职责：收集事故资料，掌握事故情况，查明事故原因，评估事故影响程度和损失，分清事故责任并提出相应处理意见，提出防止事故重复发生的意见和建议，写出应急处置报告并做好相关工作的移交。

（四）预防及预警

1. 危险源监控

加强对高处作业、临边防护、"三宝四口"等进行安全检查，做到早发现、早报告、早处置，避免事故的发生。

2. 预防措施

（1）加强对从事高处作业人员的安全教育和安全培训。

（2）加强对高处作业人员的体检。严禁患有高血压病、心脏病、贫血、癫痫病等不适合高处作业的人员从事高处作业；对疲劳过度、精神不振和思想情绪低落人员要停止高处作业；严禁酒后从事高处作业。

（3）高处作业人员的个人着装要符合安全要求。如，根据实际需要配备安全帽、安全带和有关劳动保护用品；不准穿高跟鞋、拖鞋或赤脚作业；如果是悬空高处作业要穿软底防滑鞋。

（4）按规定要求支搭各种脚手架，做好现场安全防护工作。

（5）按规定要求设置安全网。

（6）切实做好洞口处的安全防护。

（7）使用高凳和梯子时严格按照有关安全技术要求进行。

（8）高处作业必须系安全带，登高作业前，必须检查脚踏物是否安全可靠。

（9）禁止在六级强风或大雨、雪、雾天气从事露天高处作业。

3. 预警行动

（1）高处作业人员未按要求系安全带、安全绳或者使用不当时，也有可能发生坠落事故，此时可以当场制止，必要时召开安全会议通报违章行为，按规章制度进行处罚。

（2）临边、洞口等坠落高度在2米以上而无防护栏杆、安全网、挡板或防护不可靠时，即有可能发生坠落事故，应按要求完善上述防护设施。

（3）当发生大风、暴雨、暴雪等恶劣气候时，高处作业人员即有可能发生坠落事故，对此要加强与气象部门的联系，尽早掌握气象变化情况，提前停止高空作业，撤离人员，必要时加固高耸设备。

（五）信息报告程序

（1）当发生险情时，现场值班人员立即组织急救，并迅速报告现场事故应急自救领导小组，应急自救领导小组应迅速评估险情，判断是否启动现场处置方案，同时上报项目部和上级应急救援指挥部办公室，确定等级并上报属地应急指挥机构。

（2）现场报警方式采用警报器、喊话或其他方式来疏散人员，并采用电话向值班室报警。

（3）事故现场应急自救领导小组应及时与地方政府、应急救援队伍、公安、消防、医院等相关部门取得联系，确保 24 小时联络畅通，联络方式采用电话、传真、电子邮件等。

（4）事故现场应急救援指挥部通过上述联络方式向有关部门报警，报警的内容主要是：事故发生的时间、地点、背景、造成的损失（包括人员受灾情况、伤亡数量及造成的直接经济损失）、已采取的处置措施和需要救助的内容。

（5）应急反应人员以电话向外进行求援。

（六）应急处置

1. 响应分级

根据高空坠落事故性质、危害程度、发展情况将其划分两个级别：

（1）二级事故定义为一次可能导致死亡 2 人以下，直接影响施工，项目能自己处理的事故；

（2）一级事故定义为一次可能导致死亡 3 人以上，直接导致施工中断，项目不能完全自己处理，需上级、地方人民政府救援的事故。

2. 响应程序

事故现场应急自救领导小组获取险情报告后，迅速启动现场处置方案，同时报告项目事故应急救援指挥部，项目事故应急救援指挥部接到信息后上报项目事故应急救援指挥部领导，立即对险情进行评估，根据险情评估结果确定应急响应等级并启动应急预案。

3. 高空坠落应急处置措施

（1）二级应急行动

① 当发生高空坠落事故后，应急自救领导小组启动高空坠落现场应急处置方案，抢险组视人员受伤情况及时进行急救或转移。

② 疏导组负责维护现场，对事故区域进行有效的隔离。

③ 救护组负责现场伤员的医疗抢救工作。根据伤员受伤程度，立即对受伤人员进行紧急处理和做好送往就近医院救治转运工作。

④ 保障组负责应急救援方案的制定，并保证应急处置的通信、物资、设备和资金及时到位及后勤保障。

⑤ 善后组妥善安置伤亡人员和接待伤亡人员的家属，按有关规定做好理赔工作。

⑥ 调查组收集事故资料，掌握事故情况，查明事故原因，评估事故影响程度和损失，分清事故责任并提出相应处理意见，提出防止事故重复发生的意见和建议，写出应急处置报告。

⑦ 人员全部疏散后观察。根据观察结果，采取有效的措施恢复。

(2) 一级应急行动

① 高空坠落重大事故发生时，现场负责人立即组织对受伤人员进行救治，并立即将事故情况上报项目部、上级应急救援指挥部和属地应急救援组织机构。

② 项目部事故应急救援指挥部立即组织有关部门人员和专家在第一时间赶赴现场，配合政府救援指挥机构做好救援工作。

（七）应急物资与装备保障

（1）项目部事故应急救援指挥部安排保障组负责组织项目应急物资、装备的储备管理和应急处置时的调配。

（2）按照"平战结合"的原则，确定应急物资、设备机具、防护用品的品种、规格和标准，报送需求计划，由相关专业主管部门审核汇总后，根据物资、装备类别报送项目事故应急救援指挥部的保障组，保障组对需求计划再进行审核并组织实施，确保应急所需物资、装备及时供应、补充和更新。

（3）各部门、各单位应根据项目专项应急预案的要求，对应急物资、装备的储备情况进行检查和核实。

（八）附件（见专项应急预案后的图表式样附件）

××公司支架坍塌专项应急预案

（一）事故类型及危害程度分析

1. 事故类型

支架坍塌事故对人体伤害大体为如下类型：悬空高处坠落、坍塌支架淹埋、其他物体打击。

2. 危害程度

发生支架坍塌事故后会造成人员伤亡、财产损失及作业环境破坏。

（二）应急处置基本原则

1. 迅速行动、灵活应对

处理事故险情时，由项目部事故应急救援指挥领导小组启动本预案并实施。

2. 以人为本

险情处理应首先保证人身安全（包括救护人员和遇险人员）。

3. 强化防护

迅速疏散无关人员，阻断危险物质来源，防止次生事故发生。

(三)应急组织机构及职责

1. 应急组织体系

项目部事故应急救援组织体系由项目部行政主管领导和分管安全生产的领导与办公室、工程部、安质部、物资部、设备部、财务部、施工单位事故应急救援组织机构的负责人组成。

2. 指挥机构及职责

(1) 指挥机构　项目部事故应急救援指挥领导小组由抢险组、救护组、疏导组、保障组、善后组、调查组和现场应急组织机构组成。

事故应急救援指挥部办公室设在安质环保部，值班电话为××××××。项目部事故应急自救办公室应设在办公室，明确24小时值班、值班人员和固定电话。

抢险组：由工程部、设备部、物资部和项目自救领导小组和应急救援队伍组成。

救护组：由安质环保部负责人和事故所在地医疗机构组成。

疏导组：由安质部负责人和地方部门人员组成。

保障组：由办公室、工程部、设备部、物资部、财务部负责人组成，必要时邀请技术专家参加。

善后组：由项目办公室、计划部、财务部负责人组成。

调查组：由工程部、安质部、设备部、物资部负责人组成。

现场应急组织机构：由项目管理人员及现场所属单位有关人员组成。

(2) 事故应急救援指挥部职责

① 总指挥的职责：

a. 贯彻国家、地方、行业等上级有关安全应急管理的法律法规、标准和规程；

b. 组织实施单位应急预案，掌握单位事故灾害及险情情况，解决应急工作中的重大问题；

c. 根据事故现场的情况，下令进入相应级别的应急状态，必要时向上级（相关单位）应急救援机构报告有关情况；

d. 确保应急资源配备投入到位，组织项目总体应急演练，指挥项目总的应急行动。

② 副总指挥的职责：

a. 协助总指挥开展应急指挥工作，总指挥不在位时，代行其职责；

b. 组织编制应急预案，监督落实项目应急行动程序，督促检查主管部门搞好培训、演习；

c. 进入应急状态时，负责事故现场指挥，并根据险情发展情况，提出改进措施；

d. 组织指挥善后现场恢复。

③ 应急办公室职责：

a. 掌握项目部事故灾害及险情情况，及时向总指挥报告；

b. 负责项目部应急处置所需资源的统一调配，传达应急各项指令；根据总指挥指令负责向当地人民政府（相关单位）应急机构报告险情及信息沟通。

④ 抢险组职责：实施应急处置时，根据现场情况，适时调整并调集人员、设备和物资抢救受伤人员。

⑤ 救护组职责：负责现场伤员的医疗抢救工作，根据伤员受伤程度做好转运工作。

⑥ 疏导组职责：维护现场，将获救人员转至安全地带；对危险区域进行有效的隔离。

⑦ 保障组职责：负责应急救援方案的制定，并保证应急处置的通信、物资、设备和资金及时到位及后勤保障。

⑧ 善后组职责：妥善安置伤亡人员和安抚伤亡人员的家属，按有关规定做好理赔工作。

⑨ 调查组职责：收集事故资料，掌握事故情况，查明事故原因，评估事故影响程度和损失，分清事故责任并提出相应处理意见，提出防止事故重复发生的意见和建议，写出应急处置报告并做好相关工作的移交。

（四）预防及预警

1. 危险源监控

加强对脚手架作业、登高架设、临边防护等进行安全检查，做到早发现、早报告、早处置，避免事故的发生。

2. 预防措施

（1）加强对从事登高架设作业人员的安全教育和安全培训，特种作业人员应保证持证上岗。

（2）加强对登高架设作业人员的体检。严禁患有高血压病、心脏病、贫血、癫痫病等不适合登高架设作业的人员从事登高架设作业；对疲劳过度、精神不振和思想情绪低落人员要停止登高架设作业；严禁酒后从事登高架设作业。

（3）登高架设作业人员的个人着装要符合安全要求（严格"三紧"要求）。如，根据实际需要配备安全帽、安全带和有关劳动保护用品；不准穿高跟鞋、拖鞋或赤脚作业；悬空登高架设作业要穿软底防滑鞋。

（4）按规定要求支搭各种脚手架或支架，做好现场安全防护工作。

（5）按规定要求设置安全网或临边防护。

（6）切实做好洞口、爬梯等的安全防护。

（7）高处作业必须系安全带，登高作业前，必须检查脚踏物是否安全可靠。

（8）禁止在六级强风或大雨、雪、雾天气从事露天高处作业。

3. 预警行动

（1）当发生违章作业、无资质作业等情况时，应当场制止，必要时召开安全会议通报违章行为，按规章制度进行处罚。

（2）当发生大风、暴雨、暴雪等恶劣气候时，支架有可能发生坍塌，对此要加强对气象部门的联系，尽早掌握气象变化情况，提前停止高空作业，撤离人员，必要时加固高耸设备。

（五）信息报告程序

（1）当发生险情时，现场值班人员立即组织急救，并迅速报告现场事故应急自救领导小组，应急自救领导小组应迅速评估险情，判断是否启动现场处置方案，同时上报项目部和上级应急救援指挥部办公室，确定等级并上报属地应急指挥机构。

（2）现场报警方式采用警报器、喊话或其他方式来疏散人员，并采用电话向值班室报警。

（3）事故现场应急自救领导小组应及时与地方政府、应急救援队伍、公安、消防、医院等相关部门取得联系，确保24小时联络畅通，联络方式采用电话、传真、电子邮件等。

（4）事故现场应急救援指挥部通过上述联络方式向有关部门报警，报警的内容主要是：事故发生的时间、地点、背景、造成的损失（包括人员受灾情况、伤亡数量及造成的直接经济损失）、已采取的处置措施和需要救助的内容。

（5）应急反应人员以电话向外进行求援。

（六）应急处置

1. 响应分级

根据支架坍塌事故性质、危害程度、发展情况将其划分两个级别：

（1）二级事故定义为一次可能导致死亡2人以下，直接影响施工，项目能自己处理的事故；

（2）一级事故定义为一次可能导致死亡3人以上，直接导致施工中断，项目不能完全自己处理，需上级、地方人民政府救援的事故。

2. 响应程序

事故现场应急自救领导小组获取险情报告后，迅速启动现场处置方案，同时报告项目部事故应急救援指挥部，项目部事故应急救援指挥部接到信息后上报项目部事故应急救援指挥部领导，立即对险情进行评估，根据险情评估结果确定应急响应等级并启动应急预案。

3. 支架坍塌应急处置措施

（1）应急救援方法

① 当发生支架坍塌事故时，现场有关人员应立即通知应急小组组长。组长、副组长接到通知后马上到现场全程指挥救援工作，立即组织、调动救援的人力、物力赶赴现场展开救援工作，并立即向项目救援领导负责人汇报事故情况及需要项目支援的人力、物力。发现伤者，组员立即进行抢救。

② 人员疏散、救援方法。疏导组指挥安排人员进行疏散，并做好安全警戒工作。抢险及救护组成员和现场其他的人员对现场受伤害、受困的人员、财物进行抢救。人员被支架的构件或其他物件压住时，先对支架进行观察，如需局部加固的，立即组织人员进行加固后，方能进行相应的抢救，防止抢险过程中再次倒塌，造成进一步的伤害。加固或观察后，确认没有进一步的危险，立即组织人力、物力进行抢救。

③ 伤员救护

a. 休克、昏迷的伤员救援。让休克者平卧，不用枕头，腿部抬高30°。若属于心源性休克同时伴有心力衰竭、气急，不能平卧，可采用半卧。注意保暖和安静，尽量不要搬动，如必须要搬动时，动作要轻。采用吸氧保持呼吸道畅通或实行人工呼吸。

b. 受伤出血，用止血带止血、加压包扎止血。

c. 立即拨打120急救电话或送医院。

④ 现场保护。由具体的组员带领警卫人员在事故现场设置警戒区域，用三色纺织布或挂有彩条的绳子圈围起来，由警卫人员旁站监护，防止闲人进入。

（2）二级应急行动

① 当发生支架坍塌事故后，应急自救领导小组启动支架坍塌现场应急处置方案，抢险组视人员受伤情况及时进行急救或转移。

② 疏导组负责维护现场，对事故区域进行有效的隔离。

③ 救护组负责现场伤员的医疗抢救工作。根据伤员受伤程度，立即对受伤人员进行紧急处理和做好送往就近医院救治转运工作。

④ 保障组负责应急救援方案的制定，并保证应急处置的通信、物资、设备和资金及时到位及后勤保障。

⑤ 善后组妥善安置伤亡人员和接待伤亡人员的家属，按有关规定做好理赔工作。

⑥ 调查组收集事故资料，掌握事故情况，查明事故原因，评估事故影响程度和损失，分清事故责任并提出相应处理意见，提出防止事故重复发生的意见和建议，写出应急处置报告。

⑦ 人员全部疏散后观察。根据观察结果，采取有效的措施恢复。

（3）一级应急行动

① 支架坍塌重大事故发生时，现场负责人立即组织对受伤人员进行救治，并立即将事故情况上报项目部、上级应急救援指挥部和属地应急救援组织机构。

② 项目部事故应急救援指挥部立即组织有关部门人员和专家在第一时间赶赴现场，配合政府救援指挥机构做好救援工作。

（七）应急物资与装备保障

（1）项目部事故应急救援指挥部安排保障组负责组织项目部应急物资、装备的储备管理和应急处置时的调配。

（2）按照"平战结合"的原则，确定应急物资、设备机具、防护用品的品种、规格和标准，报送需求计划，由相关专业主管部门审核汇总后，根据物资、装备类别报送项目部事故应急救援指挥部的保障组，保障组对需求计划再进行审核并组织实施，确保应急所需物资、装备及时供应、补充和更新。

（3）各部门、各单位应根据项目专项应急预案的要求，对应急物资、装备的储备情况进行检查和核实。

（八）附件（见专项应急预案后的图表式样附件）

××公司压力容器爆炸事故专项应急预案

（一）事故类型和危害程度分析

1. 事故类型

（1）氧气瓶、乙炔瓶爆炸　钢板、钢材氧焊切割时，氧气瓶与乙炔瓶放置的距离太近；输气管路老化；切割安全装置损坏、失效；作业人员操作不当可能引起氧气瓶、乙炔瓶爆炸。

（2）锅炉爆炸 冬季采用锅炉加温辅助施工、锅炉供暖、供水时，锅炉及安全阀、压力表未定期检验，失灵；使用不合格产品；安装、维修锅炉未经检验；操作人员操作不当可能引起锅炉爆炸。

（3）空压机、储气罐、高压风管爆炸 隧道掘进施工采用风枪打眼时，空压机、储气罐、高压风管设备老化，安全阀、压力表失灵可能引起空压机、储气罐、高压风管爆炸。

（4）打气泵爆炸 人工开挖岩土基坑采用气垂打眼、房屋装修采用气泵射钉枪时，因设备老化可能引起打气泵爆炸。

（5）储油罐（容器）爆炸 隧道等施工现场储存柴油用的储油罐因夏季温度高、接近火源或人员违规行为等可能引起储油罐容器爆炸。

（6）液化气罐爆炸 采用液化气喷灯给沥青摊铺机印烫板加热、卷材防水施工给卷材加热时因液化气罐老化，作业人员操作不当可能引起液化气罐爆炸。

（7）储气罐爆炸 煤气站因液化气储气罐、输气管路设备老化，安全阀、压力表失灵，安全防护措施不到位等可能引起爆炸。

2. 可能发生的季节

供热锅炉爆炸一般在冬、夏两季容易发生，液化气罐、储油罐爆炸一般在夏季容易发生，其他压力容器爆炸全年都有可能发生。

3. 危害程度分析

由于压力容器爆炸可能造成人员伤亡、设备损坏或财产损失，影响正常的生产经营、生活秩序，甚至影响周边居民生活。

（二）应急处置基本原则

1. 迅速行动、灵活应对

处理事故险情时，由项目或项目事故应急救援领导小组启动本预案并实施。

2. 以人为本

险情处理应首先保证人身安全（包括救护人员和遇险人员）。

3. 强化防护

迅速疏散无关人员，防止次生事故发生。

（三）组织机构及职责

1. 应急组织体系

项目部事故应急救援组织体系由项目行政主管领导和分管安全生产的领导与办公室、工程部、设备部、物资部、安质环保部、财务部、施工单位应急组织机构的负责人组成。

2. 指挥机构及职责

（1）指挥机构　项目部事故应急救援指挥部由抢险组、救护组、疏导组、保障组、善后组、调查组和现场应急组织机构组成。

事故应急救援指挥部办公室设在调度中心，值班电话为××××××。项目部事故应急自救办公室应设在办公室，明确 24 小时值班、值班人员和固定电话。

抢险组：由安质部和工程部和现场应急自救领导小组和救援队伍组成。

救护组：由安质环保部负责人和事故所在地医疗机构组成。

疏导组：由安质环保部负责人和部门人员组成。

保障组：由办公室、工程部、设备部、物资部、财务部负责人和项目办公室、工程部、设备部、物资部、计划部、财务部负责人组成，必要时邀请技术专家参加。

善后组：由项目办公室、计划、财务部负责人组成。

调查组：由工程部、设备部、负责人组成。

现场应急组织机构：由现场施工单位有关人员组成。

（2）事故应急救援指挥部职责

① 总指挥的职责：

a. 贯彻国家、地方、行业等上级有关安全应急管理的法律法规、标准和规程；

b. 组织实施单位应急预案，掌握单位事故灾害及险情情况，解决应急工作中的重大问题；

c. 根据事故现场的情况，下令进入相应级别的应急状态，必要时向上级（相关单位）事故应急救援机构报告有关情况；

d. 确保应急资源配备投入到位，组织项目总体应急演练，指挥项目总的应急行动。

② 副总指挥的职责：

a. 协助总指挥开展应急指挥工作，总指挥不在位时，代行其职责；

b. 组织编制应急预案，监督落实项目应急行动程序，督促检查主管部门搞好培训、演习；

c. 进入应急状态时，负责事故现场指挥，并根据险情发展情况，提出改进措施；

d. 组织指挥善后现场恢复。

③ 应急办公室职责：

a. 掌握项目部事故灾害及险情情况，及时向总指挥报告；

b. 负责项目部应急处置所需资源的统一调配，传达应急各项指令；根据总指挥指令负责向当地人民政府（相关单位）应急机构报告险情及信息沟通。

④ 抢险组职责：实施应急处置时，将人员和设备迅速撤离危险地点，根据现场情况，适时调整并调集人员、设备和物资救助遇险人员。

⑤ 救护组职责：负责现场伤员的医疗抢救工作，根据伤员受伤程度做好转运工作。

⑥ 疏导组职责：维护现场，将获救人员转至安全地带；对危险区域进行有效的隔离。

⑦ 保障组职责：负责应急救援方案的制定，并保证应急处置的通信、物资、设备和资金及时到位及后勤保障。

⑧ 善后组职责：妥善安置伤亡人员和接待伤亡人员的家属，按有关规定做好理赔工作。

⑨ 调查组职责：收集事故资料，掌握事故情况，查明事故原因，评估事故影响程度和

损失，分清事故责任并提出相应处理意见，提出防止事故再次发生的意见和建议，写出应急处置报告并做好相关工作的移交。

（四）预防与预警

1. 危险源监控

现场应指定专人定期或不定期对所管辖场所氧气瓶与乙炔瓶放置的距离、输气管路、安全装置，供热锅炉的安全阀、压力表，空压机的储气罐、高压风管、输气管路，气垂或射钉枪用的打气泵，喷灯用的液化气罐等压力容器的安全性能进行检查，及时掌握情况，采取必要性的预防措施。

2. 预警行动

根据有关部门提供的预警预报信息，发现输气管路、供热锅炉的安全阀、压力表等压力容器设备、设施老化，安全装置失效、损坏、超负荷发热等情况，及时请专业人员对其危险性进行分析评估，判断险情可能发生的区域，做出灾情预警。

按照现场处置方案及时确定应对，并通知有关部门、单位采取相应行动预防事故发生。根据灾情预警，对可能造成人员伤亡和财产损失、大量人员需要紧急转移安置或生活救助等情况，及时做出必要的预警或向项目部事故应急救援指挥部办公室提出相应的预警建议。事发单位和有关部门做好启动应急预案的准备。采用会议宣讲、安全交底、现场提示、警示标志、宣传栏等方式提醒注意事项。

（五）信息报告程序

（1）当发生险情时，现场值班人员立即组织危险区域施工人员撤离，并迅速报告应急自救领导小组，应急自救领导小组应迅速评估险情，判断是否启动现场处置方案，同时上报项目部事故应急救援指挥部办公室，确定等级并上报属地应急指挥机构。

（2）采用电话、喊话或其他方式来疏散人员。

（3）事故现场应急救援指挥部应及时与地方政府、应急救援队伍、公安、消防、医院等相关部门取得联系，确保24小时联络畅通，联络方式采用电话、传真等。

（4）事故现场应急救援指挥部通过上述联络方式向有关部门报警，报警的内容主要是：压力容器爆炸发生的时间、地点，造成的损失（包括人员受灾情况、人员伤亡数量及造成的直接经济损失），已采取的处置措施和需要救助的内容。

（六）应急处置

1. 应急分级

① 二级压力容器爆炸事故定义为一次可能导致死亡2人以下，直接影响施工或对环境造成影响，项目部能自己处理的事故；

② 一级压力容器爆炸事故定义为一次可能导致死亡3人（含3人）以上，直接导致施工中断或对环境造成严重影响，项目部不能完全自己处理，需上级、地方人民政府救援的事故。

2. 响应程序

现场应急自救领导小组获取压力容器爆炸的险情报告后,迅速启动现场处置方案,同时报告项目部事故应急救援指挥部,项目部事故应急救援指挥部接到信息后上报项目部事故应急救援指挥部领导,立即对险情进行评估,根据险情评估结果确定应急响应等级并启动预案。

3. 处置措施

(1) 二级应急行动

① 当发生压力容器爆炸事故时,应急自救领导小组启动压力容器爆炸应急现场处置方案,抢险组将遇险人员迅速撤离危险地点,根据现场情况,适时调整并调集人员、设备和物资搜救受伤人员。

② 疏导组负责维护现场,将获救人员转至安全地带;对危险区域进行有效的隔离。

③ 救护组负责现场伤员的医疗抢救工作。根据伤员受伤程度,立即对受伤人员进行紧急处理和做好送往就近医院救治转运工作。

④ 保障组负责应急救援方案的制定,并保证应急处置的通信、物资、设备和资金及时到位及后勤保障。

⑤ 善后组妥善安置伤亡人员和接待伤亡人员的家属,按有关规定做好理赔工作。

⑥ 调查组收集事故资料,掌握事故情况,查明事故原因,评估事故影响程度和损失,分清事故责任并提出相应处理意见,提出防止事故重复发生的意见和建议,写出应急处置报告。

⑦ 人员全部疏散后,继续查看现场,根据观察结果,采取有效的技术措施排除险情,进行灾后恢复。

(2) 一级应急行动

① 压力容器爆炸事故发生时,现场负责人立即组织现场作业人员撤离危险地带,并同时立即将灾情上报项目部、上级事故应急救援指挥部和属地应急救援组织机构。

② 项目部事故应急救援指挥部立即组织有关部门人员和专家在第一时间赶赴现场,配合政府救援指挥机构做好救援工作。

③ 考虑环境保护因素。

(七) 应急物资与装备保障

(1) 项目部事故应急救援指挥部安排保障组负责组织项目部应急物资、装备的储备管理和应急处置时的调配。

(2) 按照"平战结合"的原则,确定应急物资、设备机具、防护用品的品种、规格和标准,报送需求计划,由相关专业主管部门审核汇总后,根据物资、装备类别报送项目部事故应急救援指挥部保障组,保障组对需求计划再进行审核并组织实施,确保应急所需物资、装备及时供应、补充和更新。

(3) 各部门、各单位应根据项目部专项应急预案的要求,对应急物资、装备的储备情况进行检查和核实。

（八）附件（见专项应急预案后的图表式样附件）

三、现场处置方案

××公司高空坠落现场处置方案

（一）事故特征

1. 危险性分析

通过对施工全过程危险因素的辨识和评价，高空坠落事故发生概率较大，造成人身伤害和财产损失较严重，列为工程项目的重大危险因素。

2. 事故类型

依据高空坠落事故对人体伤害的坠落方式，把高空坠落事故大体分为如下类型：

洞口坠落（预留口、通道口、楼梯口坠落等）；脚手架上坠落；悬空高空作业坠落；石棉瓦等轻型屋面坠落；拆除工程中发生的坠落；登高过程中坠落；梯子上作业坠落；屋面作业或桥面作业坠落；其他高空作业坠落（电杆上、设备上、构架上、树上以及其他各种物体上坠落等）。

3. 事故发生的区域及地点

临边、洞口及 2 米以上高度处施工。

4. 空事故发生的季节

该事故没有季节性，但在雨雪季或炎热的夏季更容易发生。

5. 危害程度

发生高空坠落事故后会造成人员伤亡或财产损失。

6. 事故前可能出现的征兆

（1）高处作业人员不使用爬梯，未按要求系安全带、安全绳或者使用不当。
（2）临边、洞口等坠落高度在 2 米以上，而无防护栏杆、安全网、挡板或防护不可靠。
（3）当发生大风、暴雨、暴雪等恶劣气候时，高处作业人员即有可能发生坠落事故。

（二）应急组织与职责

1. 应急自救领导小组组织机构

（1）应急自救领导小组
组　长：
副组长：
（2）自救组：由副经理、各施工队队长及指定人员组成。

（3）救护组：由项目书记、办公室、各施工队工班长指定人员组成。

（4）疏导组：由项目副经理、安质部、测量室、各施工队值班人员组成。

（5）保障组：由项目总工、办公室、工程部、物资部、设备部、计划部、财务部、各施工队技术负责人及指定人员组成。

（6）善后组：由项目书记、办公室、计划部、财务部、各施工队指定人员组成。

（7）调查组：由项目副经理、总工、工程部、安质部、设备部、物资部、各施工队指定人员组成。

2. 应急领导小组岗位职责

（1）组长的职责

① 执行国家、地方、行业、上级有关安全应急管理的法律法规、标准和应急预案；

② 随时掌握项目现场事故灾害及险情，向项目事故应急救援指挥部报告有关情况；

③ 根据事故现场的情况，启动并组织实施项目现场处置方案；

④ 确保应急资源配备投入到位，组织项目应急演练，指挥项目应急行动。

（2）副组长的职责

① 协助组长开展应急指挥工作，组长不在位时，代行其职责；

② 组织编制现场处置方案，落实项目应急行动，组织搞好培训和演练；

③ 负责现场应急处置，根据险情发展，提出改进措施；

④ 组织落实现场善后恢复。

（3）自救组职责　实施现场处置，将人员和设备迅速撤离危险地点，根据现场情况，适时调整并调集人员、设备和物资搜救被困人员。

（4）救护组职责　负责现场伤员的医疗抢救工作，根据伤员受伤程度做好转运工作。

（5）疏导组职责　维护现场，将获救人员转至安全地带；对危险区域进行有效的隔离。

（6）保障组职责　提供技术保障，并保证应急处置的通信畅通，物资、设备和资金及时到位及后勤供给。

（7）善后组职责　妥善安置伤亡人员和安抚伤亡人员的家属，配合项目部做好理赔工作。

（8）调查组职责　按要求提供事故情况和相关资料，参与评估事故影响程度和损失，提出防止事故重复发生的意见和建议。

（三）应急处置

1. 高空坠落事故应急处置程序

（1）当发生险情时，值班人员立即组织危险区域施工人员撤离，迅速报告应急自救组长，自救组长迅速上报项目部事故应急救援指挥部办公室。

（2）报警方式采用警报器、喊话或其他方式疏散人员，并采用电话向值班室报警。

（3）当事故有扩大趋势时，应急自救组长向项目部事故应急救援指挥部申请启动应急预案，及时与地方政府、应急救援队伍、公安、消防、医院等相关部门取得联系，确保24小时联络畅通，联络方式采用电话、传真、电子邮件等。

（4）现场应急自救领导小组通过上述联络方式向有关部门报警，报警的内容主要是：事故发生的时间、地点、背景,造成的损失(包括人员伤亡情况、造成的直接经济损失等),已采取的处置措施和需要救助的内容。

2. 事故应急救援程序(见应急处置方案后的图表式样附件)

3. 现场应急处置措施

(1)出现征兆时处置措施

① 高处作业人员未按要求系安全带、安全绳或者使用不当时,也有可能发生坠落事故,此时可以当场制止,必要时召开安全会议通报违章行为,按规章制度进行处罚。

② 临边、洞口等坠落高度在2米以上,而无防护栏杆、安全网、挡板或防护不可靠时,即有可能发生坠落事故,应按要求完善上述防护设施。

③ 当发生大风、暴雨、暴雪等恶劣气候时,高处作业人员即有可能发生坠落事故,对此要加强与气象部门的联系,尽早掌握气象变化情况,提前停止高空作业,撤离人员,必要时加固高耸设备。

(2)事故发生时处置措施

发生高空坠落事故时,立即启动现场处置方案,急救人员尽快赶往出事地点,并及时通知医疗部门,尽量当场施救,抢救的重点放在颅脑损伤、胸部骨折和出血上。

(四)注意事项

(1)作业人员严禁穿易滑鞋、高跟鞋、拖鞋,要戴好安全帽、系好安全带。

(2)现场所有洞口、悬空、临边的地方要严格按安全技术要求设置防护栏杆、防护网。

(3)发生高空坠落事故,应马上组织抢救伤者,首先观察伤者的受伤情况,如遇呼吸、心跳停止者,应立即进行人工呼吸、胸外心脏按压。对休克者,应先处理休克。处于休克状态的伤员要保持安静、保暖、平卧、少动,并将下肢抬高约20度,尽快送医院进行抢救治疗。

(4)出现颅脑损伤者,必须维持呼吸道通畅。昏迷者应平卧,面部转向一侧,以防舌根下坠或分泌物、呕吐物吸入,发生喉阻塞。有骨折者,应初步固定后再搬运。遇有凹陷骨折、严重的颅底骨折及严重的脑损伤症状出现,创伤处用消毒的纱布或清洁布等覆盖伤口,用绷带或布条包扎后,及时送就近有条件的医院治疗。

(5)险情发生至现场恢复期间,应封锁现场,防止无关人员进入现场发生意外。

(6)救助人员要服从指挥,统一行动。

(7)及时将抢救进展情况报告应急自救组长。

××公司支架坍塌现场处置方案

(一)事故特征

1. 危险性分析

通过对施工全过程危险因素的辨识和评价,支架坍塌事故发生概率较大,造成人身伤害和财产损失及作业环境破坏较严重,列为工程项目的重大危险因素。

2. 事故类型

支架坍塌事故对人体伤害大体为如下类型：悬空高处坠落、坍塌支架淹埋、其他物体打击。

3. 事故发生的区域及地点

临边、爬梯及 2m 以上高度处施工。

4. 事故发生的季节

该事故没有季节性，但在雨雪季或炎热的夏季更容易发生。

5. 危害程度

发生支架坍塌事故后会造成人员伤亡、财产损失或作业环境破坏。

6. 事故前可能出现的征兆

（1）支架在施工或预压过程中有变形或失稳迹象，地基下沉或变形。
（2）作业人员不使用爬梯，未按要求系安全带、安全绳或者使用不当。临边、洞口等坠落高度在 2 米以上，而无防护栏杆、安全网、挡板或防护不可靠。
（3）当发生大风、暴雨、暴雪等恶劣气候时，高处作业人员即有可能发生坠落事故。

（二）应急组织与职责

1. 应急自救领导小组组织机构

（1）应急自救领导小组
组　长：
副组长：
（2）自救组：由副经理、各施工队队长及指定人员组成。
（3）救护组：由项目书记、办公室、各施工队工班长指定人员组成。
（4）疏导组：由项目副经理、安质部、测量室、各施工队值班人员组成。
（5）保障组：由项目总工、办公室、工程部、物资部、设备部、计划部、财务部、各施工队技术负责人及指定人员组成。
（6）善后组：由项目书记、办公室、计划部、财务部、各施工队指定人员组成。
（7）调查组：由项目副经理、总工、工程部、安质部、设备部、物资部、各施工队指定人员组成。

2. 应急领导小组岗位职责

（1）组长的职责
① 执行国家、地方、行业、上级有关安全应急管理的法律法规、标准和应急预案；
② 随时掌握项目现场事故灾害及险情，向项目部事故应急救援指挥部报告有关情况；
③ 根据事故现场的情况，启动并组织实施项目现场处置方案；
④ 确保应急资源配备投入到位，组织项目应急演练，指挥项目应急行动。

（2）副组长的职责

① 协助组长开展应急指挥工作，组长不在位时，代行其职责；

② 组织编制现场处置方案，落实项目应急行动，组织搞好培训和演练；

③ 负责现场应急处置，根据险情发展，提出改进措施；

④ 组织落实现场善后恢复。

（3）自救组职责　实施现场处置，将人员和设备迅速撤离危险地点，根据现场情况，适时调整并调集人员、设备和物资搜救被困人员。

（4）救护组职责　负责现场伤员的医疗抢救工作，根据伤员受伤程度做好转运工作。

（5）疏导组职责　维护现场，将获救人员转至安全地带；对危险区域进行有效的隔离。

（6）保障组职责　提供技术保障，并保证应急处置的通信畅通，物资、设备和资金及时到位及后勤供给。

（7）善后组职责　妥善安置伤亡人员和安抚伤亡人员的家属，配合项目做好理赔工作。

（8）调查组职责　按要求提供事故情况和相关资料，参与评估事故影响程度和损失，提出防止事故重复发生的意见和建议。

（三）应急处置

1. 支架坍塌事故应急处置程序

（1）当发生险情时，值班人员立即组织危险区域施工人员撤离，迅速报告应急自救组长，自救组长迅速上报项目事故应急救援指挥部办公室。

（2）报警方式采用警报器、喊话或其他方式疏散人员，并采用电话向值班室报警。

（3）当事故有扩大趋势时，应急自救组长向项目部应急救援指挥部申请启动应急预案，及时与地方政府、应急救援队伍、公安、消防、医院等相关部门取得联系，确保 24 小时联络畅通，联络方式采用电话、传真、电子邮件等。

（4）现场应急自救领导小组通过上述联络方式向有关部门报警，报警的内容主要是：事故发生的时间、地点、背景，造成的损失（包括人员伤亡情况、直接经济损失等），已采取的处置措施和需要救助的内容。

2. 事故应急救援程序

见应急处置方案后的图表式样附件。

3. 现场应急处置措施

（1）出现征兆时处置措施

① 支架在施工或预压过程中有变形或失稳迹象，地基下沉或变形，应立即停止施工，撤离现场施工作业人员，通知应急处置小组，查明原因后决定是否进行下步施工，确保人员安全。

② 高处作业人员未按要求系安全带、安全绳或者使用不当时，也有可能发生坠落事故，此时可以当场制止，必要时召开安全会议通报违章行为，按规章制度进行处罚。

③ 临边、洞口、爬梯等坠落高度在 2 米以上，而无防护栏杆、安全网、挡板或防护不可靠时，即有可能发生坠落事故，应按要求完善上述防护设施。

④ 当发生大风、暴雨、暴雪等恶劣气候时，高处作业人员即有可能发生坠落事故，对此要加强对气象部门的联系，尽早掌握气象变化情况，提前停止高空作业，撤离人员，必要时加固高耸设备。

（2）事故发生时处置措施　发生支架坍塌事故时，立即启动现场处置方案，急救人员尽快赶往出事地点，并及时通知医疗部门，尽量当场施救，抢救的重点放在颅脑损伤、胸部骨折和出血上进行处理。

（四）注意事项

（1）作业人员严禁穿易滑鞋、高跟鞋、拖鞋，要戴好安全帽、系好安全带。

（2）现场所有洞口、爬梯、临边的地方要严格按安全技术要求设置防护栏杆、防护网。

（3）支架坍塌发生高空坠落事故，应马上组织抢救伤者，首先观察伤者的受伤情况，如遇呼吸、心跳停止者，应立即进行人工呼吸、胸外心脏按压。对休克者，应先处理休克。处于休克状态的伤员要保持安静、保暖、平卧、少动，并将下肢抬高约 20 度，尽快送医院进行抢救治疗。

（4）出现颅脑损伤，必须维持呼吸道通畅。昏迷者应平卧，面部转向一侧，以防舌根下坠或分泌物、呕吐物吸入，发生喉阻塞。有骨折者，应初步固定后再搬运。遇有凹陷骨折、严重的颅底骨折及严重的脑损伤症状出现，创伤处用消毒的纱布或清洁布等覆盖伤口，用绷带或布条包扎后，及时送就近有条件的医院治疗。

（5）险情发生至现场恢复期间，应封锁现场，防止无关人员进入现场发生意外。

（6）救助人员要服从指挥，统一行动。

（7）及时将抢救进展情况报告应急自救组长。

（五）附件（见现场处置方案后的图表式样附件）

本章小结

应急预案是企业应急管理工作的重要载体。化工企业存在易燃易爆、工艺流程具有危险性、设备复杂、危险因素多等特点，一旦发生火灾、爆炸、泄漏等事件后果严重。化工企业更加要重视应急预案的编制，不断完善应急预案体系，优化应急预案内容，提高应急处置能力。

本章总结了应急预案的种类、功能，提出了编制应急预案的步骤，并就危险源辨识和风险分析方法详细介绍。在此基础上，分别介绍了综合应急预案、专项应急预案和现场处置方案的适用场景、编制要素、编制要求等内容。综合应急预案是化工企业应急预案体系的纲领性文件，是应对突发事件的总体制度安排和综合性工作方案。专项应急预案是针对某一类型事故，或针对重要生产设施、重大危险源等内容制定的应急计划或方案，是企业应急预案体系的重要组成部分，是对综合应急预案局部的细化和补充。现场处置方案是针对具体的生产装置、生产场所或设备设施、操作岗位所制定的应急处置措施。三种应急预案既有联系，又有区别，共同构成了企业应急预案体系。

最后，本章分别列举了一些企业的综合应急预案、专项应急预案和现场处置方案实例，帮助理解不同种类应急预案的编制要点。

/ 拓展阅读

充分发挥我国应急管理体系特色和优势
积极推进我国应急管理体系和能力现代化

应急管理是国家治理体系和治理能力的重要组成部分，承担防范化解重大安全风险、及时应对处置各类灾害事故的重要职责，担负保护人民群众生命财产安全和维护社会稳定的重要使命。要发挥我国应急管理体系的特色和优势，借鉴国外应急管理有益做法，积极推进我国应急管理体系和能力现代化。

中华人民共和国成立后，党和国家始终高度重视应急管理工作，我国应急管理体系不断调整和完善，应对自然灾害和生产事故灾害能力不断提高，成功应对了一次又一次重大突发事件，有效化解了一个又一个重大安全风险，创造了许多抢险救灾、应急管理的奇迹，我国应急管理体制机制在实践中充分展现出自己的特色和优势。

我国是世界上自然灾害最为严重的国家之一，灾害种类多，分布地域广，发生频率高，造成损失重，这是一个基本国情。同时，我国各类事故隐患和安全风险交织叠加、易发多发，影响公共安全的因素日益增多。加强应急管理体系和能力建设，既是一项紧迫任务，又是一项长期任务。

要健全风险防范化解机制，坚持从源头上防范化解重大安全风险，真正把问题解决在萌芽之时、成灾之前。要加强风险评估和监测预警，加强对危化品、矿山、道路交通、消防等重点行业领域的安全风险排查，提升多灾种和灾害链综合监测、风险早期识别和预报预警能力。要加强应急预案管理，健全应急预案体系，落实各环节责任和措施。要实施精准治理，预警发布要精准，抢险救援要精准，恢复重建要精准，监管执法要精准。要坚持依法管理，运用法治思维和法治方式提高应急管理的法治化、规范化水平，系统梳理和修订应急管理相关法律法规，抓紧研究制定应急管理、自然灾害防治、应急救援组织、国家消防救援人员、危险化学品安全等方面的法律法规，加强安全生产监管执法工作。要坚持群众观点和群众路线，坚持社会共治，完善公民安全教育体系，推动安全宣传进企业、进农村、进社区、进学校、进家庭，加强公益宣传，普及安全知识，培育安全文化，开展常态化应急疏散演练，支持引导社区居民开展风险隐患排查和治理，积极推进安全风险网格化管理，筑牢防灾减灾救灾的人民防线。

要加强应急救援队伍建设，建设一支专常兼备、反应灵敏、作风过硬、本领高强的应急救援队伍。要采取多种措施加强国家综合性救援力量建设，采取与地方专业队伍、志愿者队伍相结合和建立共训共练、救援合作机制等方式，发挥好各方面力量作用。要强化应急救援队伍战斗力建设，抓紧补短板、强弱项，提高各类灾害事故救援能力。要坚持少而精的原则，打造尖刀和拳头力量，按照就近调配、快速行动、有序救援的原则建设区域应急救援中心。要加强航空应急救援能力建设，完善应急救援空域保障机制，发挥高铁优势构建力量快速输送系统。要加强队伍指挥机制建设，大力培养应急管理人才，加强应急管理学科建设。

要强化应急管理装备技术支撑，优化整合各类科技资源，推进应急管理科技自主创新，依靠科技提高应急管理的科学化、专业化、智能化、精细化水平。要加大先进适用装备的配备力度，加强关键技术研发，提高突发事件响应和处置能力。要适应科技信息化发展大势，以信息化推进应急管理现代化，提高监测预警能力、监管执法能力、辅助指挥决策能力、救援实战能力和社会动员能力。

各级党委和政府要切实担负起"促一方发展、保一方平安"的政治责任，严格落实责任制。要建立健全重大自然灾害和安全事故调查评估制度，对玩忽职守造成损失或重大社会影响的，依纪依法追究当事方的责任。要发挥好应急管理部门的综合优势和各相关部门的专业优势，根据职责分工承担各自责任，衔接好"防"和"救"的责任链条，确保责任链条无缝对接，形成整体合力。

应急管理部门全年 365 天、每天 24 小时都应急值守，随时可能面对极端情况和生死考验。应急救援队伍全体指战员要做到对党忠诚、纪律严明、赴汤蹈火、竭诚为民，成为党和人民信得过的力量。应急管理具有高负荷、高压力、高风险的特点，应急救援队伍奉献很多、牺牲很大，各方面要关心支持这支队伍，提升职业荣誉感和吸引力。

山东开展化工企业应急演练专项执法检查

2020 年 8 月，山东省应急管理厅与山东省工业与信息化厅在全省开展了化工企业应急演练专项执法检查，联合成立 8 个工作组分 16 市进行抽查，每市随机抽查 5 个企业。

记者跟随专项执法检查第六组来到×××能源有限公司进行执法检查。通过对企业现场检查，执法检查人员介绍道："总体来看，企业对应急演练工作比较重视，演练计划安排详细，专项预案、现场处置方案基本达到'一周一小练、一月一大练、一季一检验'的要求。不过，在检查过程中发现预案依然存在个别问题，需要进一步改进。"

在对企业各项应急演练预案方案进行检查时，专家发现不少预案都存在总结评估不到位的情况。"演练结束以后，演练情况如何，是否达到了预案的效果，报告中必须要给出一个对预案可执行性操作性的结论性评估，或给出修改意见。" 专项执法检查专家表示，需要各化工企业都重视起来，通过不断的演练发现各项预案中可能存在的问题，不断改进，才能提升灾害事故的应急处置能力。

山东化工企业应急演练专项执法检查在全省顺利展开。8 个工作组深入各市化工企业，对危险化学品生产领域开展重点执法，重点检查抽查危化品企业重点区域、关键部位、薄弱环节，对危化品企业预案管理、应急演练等开展情况和效果进行检查。其重点内容包括预案编修订情况、应急演练情况和教育培训情况三个方面。

此次化工企业应急演练专项执法检查第六组共检查 5 家化工企业，共发现问题 40 项，均下达执法文书责令限期整改。其中，发现问题涉及应急预案管理 23 项，应急演练 14 项，教育培训 3 项。

据悉，本次专项执法检查将通过采取现场处置、责令改正、行政处罚、挂牌督办等手段，推动企业主动落实安全生产主体责任，在全省推行化工企业"一周一小练、一月一大练、一季一检验"的应急演练工作机制，督促化工企业全面开展班组、车间、厂级等不同层级的应急演练，实现应急演练实战化、常态化、全员化，切实提升各类灾害事故应急处置能力。

利民化学开展重大危险源应急预案演练

为检验公司重大危险源事故应急预案的实用性和可操作性；完善公司应急管理标准制度，磨合机制；锻炼和提高公司应急体系人员应对突发事件的处置能力。11 月 26 日下午，结合"落实消防责任,防范安全风险"宣传月活动安排,集团全资子公司利民化学开展重大危险源应急预案演练。公司相关部门领导、专职消防队员、车间兼职应急队员、医护人员等应急体系内近 50 人参加演练。

此次演练模拟公司西厂区罐区甲醇泄漏突发事故。演练前,公司总经理特别强调,一定要结合危化品现场处置方案,从实战角度出发,围绕发现事故、逐级上报、预案启动、应急处置、组织疏散、紧急抢修等方面进行。演练(图 4-11)中,各救援力量密切配合,抢险、救援有序进行,人员个体防护应用到位,技术、战术运用娴熟,应急联动机制快速有效,突发情况处理得当,成功完成演练活动。

演练结束,公司副总经理,安全总监、安全管理部经理及相关小组负责人结合现场情况,分别对此次演练情况进行总结、点评,分析各处置环节的不足之处和改进建议,对演练中存在的不足充分进行评估和优化,切实落实"为练而演",深入提高了公司员工的安全意识和应对突发性事件的实战经验与协调配合能力,为推动公司健康发展、行稳致远打下坚实基础。

图 4-11 演练现场图

/ 思考题 /

1. 综合应急预案、专项应急预案和现场处置方案的适用范围、功能是什么?
2. 综合应急预案、专项应急预案和现场处置方案在编制内容上侧重点有什么不同?
3. 应急预案的编制步骤有哪些?
4. 为什么在编制应急预案时要进行危险源辨识与脆弱性分析?

/ 练习题 /

1. _____是应急管理工作的重要环节,也是企业应急组织机构与职责、应急流程、应急措施、应急资源等应急管理要素的主要载体。

2. 应急预案体系设计的原则有_____、_____、_____、_____。

3. 危险源辨识就是要辨识并掌握化学工业园区可能存在的危险源（尤其是重大危险源、重大事故隐患）的_____、_____及_____，_____，建立应急响应危险区、缓冲区和安全区，是为应急救援提供决策和指导依据的重要前置步骤。

4. 化工园区的脆弱性目标有_____、_____、_____。

5. 化工企业突发事件分类可按照_____、_____、_____、_____四类对突发事件进行划分。

6. 现场处置方案是针对具体的装置、场所或设施、岗位所制定的应急处置措施，现场处置方案应_____、_____、_____。

第五章 教育与培训

根据团体标准《社区认知和应急响应实施细则》中的规定：

6.1 企业应建立完善的社区认知和应急响应培训制度，并对其定期评价。

6.2 企业社区认知和应急响应教育与培训对象包括：与社区及当地应急救援力量联络沟通人员、访客、承包商、供应商、应急队伍以及企业员工。

6.3 企业社区认知和应急响应教育与培训内容包括但不限于：

紧急情况下的报警、逃生及求助等；

在安全、健康和环保以及应急响应方面沟通的能力；

企业所涉及化学品的危险特性、工艺反应过程风险及防控措施；

应急设备设施安全操作规程；

个体安全防护及应急装备使用；

应急处置原则、步骤和具体要求等。

6.4 企业应制订教育和培训计划并组织实施，做好培训记录。

第一节 教育与培训概述

一、教育与培训目的

江苏是化工大省，全省国家级和省级开发区有 136 家，其中化工园区就有 20 余家。江苏省化工企业全国数量第一，规模以上化工企业有 4500 多家，其中危化品生产企业就有 2500 多家。国务院安委会确定的 60 个危险化学品安全生产重点县（市、区）中，江苏占 11 个，居全国前列。

江苏 13 地市部分危化品企业集中区，江苏省危化品企业分布情况如图 5-1 所示。

责任关怀是一个化学企业在开展其经营业务的同时，针对自身的发展情况提出的一套自律性，持续改善环保、健康及安全绩效的管理体系。责任关怀特别强调社区的认知和参与，强调信息交流；监管化学品的整个生命周期；注重对供应商和经销商提出相应的要求。责任关怀实施的最终目的，不是着眼于近期的商业和利益，而在于树立良好的行业公众形象，从而使化工行业实现可持续发展并最终实现零污染排放、零人员伤亡、零财产损失的终极目标。危化行业"责任关怀"六大核心准则的目的：在技术、生产工艺和产品的各生命周期，持续提高在环境、健康和安全方面的理解和表现，避免对人和环境造成损害；更有效利用资源并最大程度减少浪费；公开行业现状、取得的成绩和存在的不足；接触利益攸关方，听取意见并着力解决其关注的问题和期望；与政府和相关组织合作，切实执行相关规定和标准，并力争超标准完成；为产品链上各管理和使用环节的用户提供帮助和咨询，培养其对化学品的有效管理。社区认知与应急响应目的：规范化学品相关企业实施责任关怀过程中的社区认知和应急响应，通过信息交流和沟通，提高社区认知水平，让化工企业的应急响应计划与当地社区或其他企业的应急响应计划相呼应，进而达到相互支持与帮助的功能，以确保员工及社区公众的安全。任何行业企业，领导重视是关键、责任落实是核心、长效机制是方向、教育培训是基础。从满足企业经营需要的角度讲，企业培训有四个方面的目的。

长期目的：即为了满足企业战略发展对人力资源的需要而采取的培训活动。

年度目的：即为了满足企业年度经营对人力资源的需要而采取的培训活动。

职位目的：即为了满足员工高水平完成本职工作所需的知识、技能、态度、经验而采取的培训活动。

个人目的：即为了满足员工达成其职业生涯规划目标需要而由企业提供的培训。

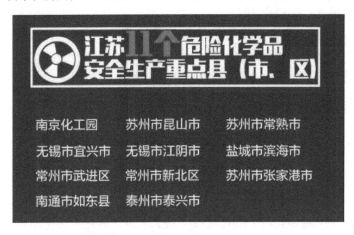

图 5-1　江苏 13 地市部分危化品企业分布

 专栏：《企业安全生产标准化基本规范》（GB/T 33000—2016）

> 企业通过落实企业安全生产主体责任，通过全员全过程参与，建立并保持安全生产管理体系，全面管控生产经营活动各环节的安全生产与职业卫生工作，实现安全健康管理系统化、岗位操作行为规范化、设备设施本质安全化、作业环境器具定置化，并持续改进。

二、教育与培训意义

责任关怀是自律、自愿的行为，但在企业内部又是制度化、强制性的行为。"责任关怀"所倡导的安全规范远远高于并超越了大多数国家的法律规范要求，我国已成立推行"责任关怀"的专门机构，将"责任关怀"所倡导的规范作为行业联合会内会员的准入资格之一，以此表明中国对全球化学工业行业、对环境、对人类负责任的态度。"责任关怀"正指引着全球领先的化学工业公司不断超越现有成就，创造更高层次的行为规范，促进现代化学工业可持续发展。所有企业必须认真履行安全生产主体责任，做到安全投入到位、安全培训到位、基础管理到位、应急救援到位。安全生产关系人民群众生命和财产安全，关系改革发展稳定大局。我国目前仍处于工业化、城镇化快速发展时期，事故总量依然较大，重特大事故时有发生，职业病危害严重，安全生产形势仍然十分严峻。企业组织教育与培训，保护了劳动者在生产中的安全和健康，促进经济建设的发展；保护了人的生命安全与健康的直接的社会效益及间接的企业经济效益；保护了避免环境危害的直接社会效益；减少事故损失造成的企业直接经济效益损失；保护企业正常生产的间接经济效益；促进生产作用的直接经济效益。从不同的角度来看，培训的意义是有所不同的。

1. 从企业角度来说

（1）培训可以提升企业竞争力。
（2）培训可以增强企业凝聚力。
（3）培训可以提高企业战斗力。
（4）培训是高回报的投资。
（5）培训是解决问题的有效措施。

2. 从企业经营管理者角度来说

（1）可以减少事故发生　研究发现，企业事故80%是员工不懂安全知识和违规操作造成的。员工通过培训，学到了安全知识，掌握了操作规程，自然就会减少事故的发生。

（2）可以改善工作质量　员工参加培训，往往能够掌握正确的工作方法，纠正错误和不良的工作习惯，其直接结果必然是促进工作质量的提高。

（3）可以提高员工整体素质　通过培训，员工素质整体水平会不断提高，从而提高劳动生产率。

（4）可以降低损耗　损耗主要因为员工操作不认真和技能不高。通过培训，员工就会认同企业文化，认真工作，同时也提高技术水平，降低损耗。

（5）可以提高研制开发新产品的能力　培训提高员工素质的同时，也培养了他们的创新能力，激励员工不断开发与研制新产品来满足市场需要，从而扩大企业产品的市场占有率。

（6）可以改进管理内容　培训后的员工整体素质得到提高，就会自觉把自己当作企业的主人，主动服从和参与企业的管理。

3. 从员工的角度来说

（1）增强就业能力　现代社会职业的流动性使员工认识到"充电"的重要性，换岗、换工主要依赖于自身技能的高低，培训是刚走出校门的企业员工增长自身知识、技能的一条重要途径。因此，很多员工要求企业能够提供足够的培训机会，这也成为一些人择业中考虑的一个方面。

（2）获得较高收入的机会　员工的收入与其在工作中表现出来的劳动效率和工作质量直接相关。为了追求更高收入，员工就要提高自己的工作技能，技能越高报酬越高。

（3）增强职业的稳定性　从企业来看，企业为了培训员工特别是培训特殊技能的员工，提供了优越的条件。所以在一般情况下，企业不会随便解雇这些员工，为防止他们离去给企业带来的损失，总会千方百计留住他们。从员工来看，他们把参加培训、外出学习、脱产深造、出国进修等当作是企业对自己的一种奖励。员工经过培训，素质、能力得到提高后，在工作中表现得更为突出，就更有可能受到企业的重用或晋升，员工因此也更愿意在原企业服务。

（4）培训可以让自己更具竞争力　未来的职场将是充满了竞争的职场，随着人才机制的创新，每年都有大量的新的人才加入竞争的队伍中，让员工每时每刻都面临着被淘汰的危险。面对竞争，要避免被淘汰的命运，只有不断学习，而培训则是最好、最快的学习方式。

总之，培训可以让员工自强，让企业永远保持旺盛的活力，永远具有竞争力，这就是企业进行培训的最大意义。

三、教育与培训价值

教育与培训有利于搞好安全生产工作，切实保障人民群众的生命财产安全，体现了最广大人民的根本利益，反映了先进生产力的发展要求和先进文化的前进方向。做好安全生产工作是全面建成小康社会、统筹经济社会全面发展的重要内容，是实施可持续发展战略的组成部分，是政府履行社会管理和市场监管职能的基本任务，是企业生存发展的基本要求。因此，安全生产是"三个代表"思想的具体体现；是党和政府"执政为民"的要求；是宪法和国家性质的要求；是社会进步与文明的标志；是以人为本的重要内涵；是国家安全和社会公共安全的基石；是生产力发展的基础和条件；是人民安居乐业的保证和人民生活质量的体现。

四、教育与培训对象

社区认知和应急响应准则包含两层含义：社区认知和应急响应。

社区认知：这里的社区范围已经从单纯的周边居民群众含义扩展到了企业周边的企业，包括整个工业区、经济区，甚至是工业区周边的居民。这个社区的范围要从企业可能会造成的影响范围去定义。在此社区范围内，我们企业要让社区的方方面面提高对化工企业的认知度，以便于社区公众对化工企业的认识和监督。

应急响应：我们强调的是，应急响应不仅仅是管理层的事或者是政府的事，和我们每个人有关，只有大家都能掌握在紧急情况下自己应有的行为，才能保护好自己，才能在关键的时刻采取必要的措施，企业才能将损失降到最低。因此，应急响应应有制度、计划、培训、定期的演练、评估、修正，才能使整个应急响应的体系不断地完善，在真实事件发生时，我们才能处事不惊，处惊不乱，将危害程度控制到最低。

企业社区认知和应急响应教育与培训对象包括：与社区及当地应急救援力量联络沟通人员、访客、承包商、供应商、应急队伍以及企业员工。

第二节　教育培训内容

一、安全名词篇

1. "三违"

违章操作，违章指挥，违反劳动纪律。

2. 四不伤害

不伤害自己、不伤害他人、不被他人伤害、保护他人不受伤害。

3. 事故处理的四不放过原则

（1）事故原因没有查清不放过。
（2）事故责任者没有严肃处理不放过。
（3）广大职工没有受到教育不放过。
（4）防范措施没有落实不放过。

4. 安全用电"十不准"

（1）任何人不准玩弄电气设备和开关。
（2）非电工不准拆装、修理电气设备和用具。
（3）不准私拉乱接电气设备。
（4）不准使用绝缘损坏的电气设备。
（5）不准使用电热设备和灯泡取暖。
（6）不准擅自用水冲洗电气设备。
（7）熔丝熔断，不准调换容量不符的熔丝。
（8）不准擅自移动电气安全标志、围栏等安全设施。
（9）不准使用检修中的电气设备。
（10）不办手续，不准打桩动土，以防损坏地下电缆。

5. 非工作人员，不准在下列场合逗留或通过

（1）正在起吊物件的现场。
（2）正在高空作业的场所。
（3）正在进行 X 光、超声波探伤检查的现场。
（4）发生事故的现场。

6. 岗位操作人员的"一学、二参、三勤、四要"

（1）一学　努力学习安全技术、操作规程等。

（2）二参　经常参加安全生产经验交流、事故分析活动；参加安全检查活动。

（3）三勤　勤检查；勤提问；勤反映。

（4）四要　要遵守操作规程和劳动纪律；要不随便出入危险区域及要害部位；要不任意拆除警告标志和信号装置；要劳逸结合。

7. 生产厂区十四个不准

（1）加强明火管理，厂区内不准吸烟。

（2）生产区内，不准未成年人进入。

（3）上班时间，不准睡觉、干私活、离岗和干与生产无关的事。

（4）在上班前、上班时不准喝酒。

（5）不准使用汽油等易燃液体擦洗设备、用具和衣物。

（6）不按规定穿戴劳动保护用品，不准进入生产岗位。

（7）安全装置不齐全的设备不准使用。

（8）不是自己分管的设备、工具不准动用。

（9）检修设备时安全措施不落实，不准开始检修。

（10）停机检修后的设备，未经彻底检查，不准启用。

（11）未办高处作业证，不系安全带，跳板不牢，不准登高作业。

（12）不准违规使用压力容器等特种设备。

（13）未安装触电保安器的移动式电动工具，不准使用。

（14）未取得安全作业证的职工，不准独立作业；特殊工种职工，未经取证，不准作业。

8. 操作工的六严格

（1）严格执行交接班制。

（2）严格进行巡回检查。

（3）严格控制工艺指标。

（4）严格执行操作法。

（5）严格遵守劳动纪律。

（6）严格执行安全规定。

9. 动火作业六大禁令

（1）动火证未经批准，禁止动火。

（2）不与生产系统可靠隔绝，禁止动火。

（3）不清洗，置换不合格，禁止动火。

（4）不消除周围易燃物，禁止动火。

（5）不按时作动火分析，禁止动火。

（6）没有消防措施，禁止动火。

10. 进入受限空间的八个必须

（1）必须申请、办证，并得到批准。

（2）必须制定安全防护措施。
（3）必须切断动力电，并使用安全灯具。
（4）必须进行置换、通风。
（5）必须按时间要求进行安全分析。
（6）必须佩戴规定的防护用具。
（7）必须有人在器外监护，并坚守岗位。
（8）必须有抢救后备措施。

11．机动车辆七大禁令

（1）严禁无证、无令开车。
（2）严禁酒后开车。
（3）严禁超速行车和空挡溜车。
（4）严禁带病行车。
（5）严禁人货混载行车。
（6）严禁超标装载行车。
（7）严禁无阻火器车辆进入禁火区。

12．氧气瓶防火"八大忌"

（1）忌倒立。
（2）忌沾油脂。
（3）忌火烤。
（4）忌暴晒。
（5）忌将气用尽。
（6）忌剧烈撞击。
（7）忌混合运输。
（8）忌超检验期使用。

二、安全警句篇

1．警钟长鸣

违章作业等于自杀，违章指挥就是杀人。
领导不把表率做，安全生产定砸锅。
凭侥幸，耍大胆；出事故，后悔晚。
一人违章，众人遭殃。隐患不除，危机四伏。
当安全教育鸣金收兵之际，便是事故偷营劫寨之时。
安全来自长期警惕，事故源于瞬间麻痹。
讲安全时闭上眼，出事故时傻了眼。
分析事故走过场，扯了枝叶留下根。
忽视安全抓生产是火中取栗，脱离安全求效益是水中捞月。
安全生产全家福，出了事故全家苦。

2. 哲理启示

小洞不补，大洞难堵；隐患潜伏，事故难除。
没有规矩不成方圆，没有制度难保安全。
愚者以流血作为教训，智者以教训制止流血。
隐瞒一次事故隐患，等于埋下定时炸弹。
绊人的桩不在高，违章的事不在小。
大事化小教训难找，小事化了后患不少。
管理基础打得牢，安全大厦层层高。
要想把好安全关，思想工作要领先。
安全来自严谨，事故出于松散。

3. 联劳协作

众人拾柴火焰高，人人把关基础牢。
人人把关安全好，处处设防漏洞少。
一人把关一处安，众人把关稳如山。
抓安全坚定不移，管安全理直气壮。
在岗一分钟，安全六十秒。

4. 知心话语

高高兴兴上班，愉愉快快工作，平平安安回家。
上有老，下有小，出了事故不得了。
违章蛮干铸成终身遗憾，遵章守纪伴你一生平安。
与其为昨天的失职而痛苦，不如用今天的尽职来弥补。
唠唠叨叨为你好，千叮万嘱事故少。
安全在于心细，事故出在大意。
班前没有休息好，事故专门把你找。
快刀不磨会生锈，安全不抓出纰漏。
生命与安全一线牵，安全与幸福两相连。
安全警钟长鸣，幸福伴君同行。
事故在瞬间发生，安全从点滴做起。
千忙万忙，安全莫忘。

5. 规律探秘

责任心是安全之魂，标准化是安全之本。
心中有了规章，遇事不会惊慌。
做事不靠众，累死也无用。
绳子总在最脆弱处断开，事故易在"关键人"中发生。
事前不预防，出事徒悲伤。
有一万的把握，也要做防万一的准备。

三、安全歌谣篇

1. 安全"十想"歌

一想个人安全歌，按章操作莫急躁。
二想国家损失少，大家都是安全哨。
三想爱妻恩爱情，安全之钟常警鸣。
四想子女年幼小，安全犹似千斤挑。
五想年迈父母亲，质量为本放在心。
六想美满幸福家，生产安全人人抓。
七想争创安全年，质量搞好保安全。
八想劳动贡献多，安全换来丰硕果。
九想经济效益高，安全为天最重要。
十想领导教诲语，保障安全创佳绩。

2. 电气安全歌

电气职工保安全，十大关键记心间。
日常检修严控制，施工管理要规范。
故障处理按程序，联锁管理制度严。
分路不良要明示，摇把整匣严格管。
电气机械双加强，室内消防措施全。
特种设备莫轻视，劳动安全要实现。
安全规章须牢记，落实措施是关键。
干部职工齐努力，共创安全新局面。

3. 职工安全"十个想"

上班之前想一想，乘车赶路不要慌。
横穿马路想一想，先看是否有车辆。
上岗之前想一想，防护用品穿戴齐。
班前会上想一想，思想包袱全丢光。
接班之时想一想，岗位存在啥危险。
作业之中想一想，按规操作不违章。
维护检修想一想，换牌挂牌重确认。
作业之后想一想，场地是否清通畅。
交班之时想一想，安全事项交对方。
事事处处想一想，安全生产有保障。

4. 人身安全"十不干"

遵章学技术，不干违章活。
守纪听指挥，不干冒险活。

教训莫蛮干，不干玩命活。
安全忌凑合，不干侥幸活。
团结要齐心，不干赌气活。
劳逸休息好，不干疲劳活。
施工勤检查，不干粗心活。
心专莫闲谈，不干溜号活。
照应多招呼，不干马虎活。
问题找组织，不干包袱活。

5. 安全十忌

一忌规程不落实，说是说来做是做。
二忌遇事乱指挥，不顾安全蛮干活。
三忌有错顾脸面，违章行为怕人说。
四忌干活想自己，上下左右不配合。
五忌安全无措施，冒险蛮干事故多。
六忌习惯性操作，安全观念太淡薄。
七忌责任不落实，发生事故乱推诿。
八忌检查留死角，隐患不除终是祸。
九忌领导当好人，管理考核不严格。
十忌无事享太平，麻痹滋生要不得。
安全生产增效益，大显身手有收获。
劝君自爱多珍重，愿你一生都欢乐。

四、安全常识篇

安全色与安全标志是为了防止事故的发生，用形象而醒目的信息语言向人们提供了表达禁止、警告、指令、提示等信息。

1. 安全色

我国规定了红、蓝、黄、绿四种颜色为安全色，其含义和用途为：

（1）红色的含义为禁止、停止，主要用于禁止标志、停止信号，如机器、车辆上的紧急停止手柄或按钮以及禁止人们触动的部位。红色也表示防火。

（2）蓝色的含义为指令必须遵守的规定，主要用于指令标志，如必须佩戴个人防护用具、道路指引车辆和行人行走方向的指令。

（3）黄色的含义为警告注意，主要用于警告标志、警戒标志，如厂内危险机器和坑池周围的警戒线、行车道中线、机械齿轮箱的部位、安全帽等。

（4）绿色的含义为提示安全状态通行，主要用于提示标志，如车间内的安全通道、行人和车辆通行标志、消防设备和其他安全防护装置的位置。

2. 安全标志

安全标志是由安全色、几何图形和图形符号所构成，用以表达特定的安全信息。目的是引起人们对不安全因素的注意，预防发生事故。但不能代替安全操作规程和防护措施。安全标志不包括航空、海运及内河航运上的标志。

安全标志分为禁止标志、警告标志、指令标志和提示标志四类。

（1）禁止标志的含义是不准或制止人们的某种行动。其几何图形为带斜杠的圆环，斜杠和圆环为红色，图形符号为黑色，其背景为白色。

（2）警告标志的含义是使人们注意可能发生的危险。其几何图形是正三角形。三角形的边框和图形符号为黑色，其背景色为黄色。

（3）指令标志的含义是告诉人们必须遵守某项规定，其几何图形是圆形，其背景是具有指令意义的蓝色，图形符号为白色。

（4）提示标志的含义是向人们指示目标和方向，其几何图形是长方形，底色为绿色，图形符号及文字为白色。但是消防的7个提示标志，其底色为红色，图形符号及文字为白色。

五、消防知识篇

1. 燃烧概述

燃烧是可燃物质与助燃物质（氧或其他助燃物质）发生的一种发光发热的强烈氧化反应。

2. 燃烧的三要素

可燃物、助燃物、点火源。三个条件缺一不可。因此，在防火工作中，控制火源是十分重要的一环，一旦燃烧已经开始，及时扑救火灾尤为重要。

3. 爆炸

爆炸是物质的一种急剧的物理、化学变化。根据爆炸产生的原因及特征，爆炸现象可分为两类：

（1）物理爆炸　其特点是爆炸前后物质的性质及化学成分没有改变（仅发生压力增大等），如轮胎、锅炉、高压气瓶等爆炸均属物理爆炸。

（2）化学爆炸　物态变化时发生极迅速的放热化学反应，生成高温、高压产物，由此而引起的爆炸称为化学爆炸，如危险化学品、炸药、鞭炮等的爆炸。

4. 化学品爆炸极限

可燃物质与空气混合达到一定浓度时，在着火源的作用下会发生爆炸。爆炸最低浓度即爆炸下限，爆炸的最高浓度即爆炸上限。如苯的爆炸极限为：爆炸下限 1.2%（体积分数），爆炸上限 8%（体积分数）。

5. 灭火的基本方法

根据物质燃烧原理，燃烧必须同时具备可燃物、助燃物和着火源三个条件，缺一不可。而一切灭火措施都是为了破坏已经产生的燃烧条件，或使燃烧反应中的游离基消失而终止燃烧。灭火的基本方法有四种：即减少空气中的含氧量——窒息灭火法；降低燃烧物的温度——冷却灭火法；隔离与火源相近的可燃物——隔离灭火法；消除燃烧中的游离基——抑制灭火法。

（1）冷却灭火法　冷却灭火法，就是将灭火剂直接喷洒在燃烧着的物体上，将可燃物的温度降低到燃点以下，从而使燃烧终止。这是扑救火灾最常用的方法。冷却的方法主要是采取喷水或喷射二氧化碳等灭火剂，将燃烧物的温度降到燃点以下。灭火剂在灭火过程中不参与燃烧过程中的化学反应，属于物理灭火法。

在火场上，除用冷却法直接扑灭火灾外，在必要的情况下，可用水冷却尚未燃烧的物质，防止达到燃点而起火，还可用水冷却建筑构件、生产装置或容器设备等，以防止它们受热结构变形，扩大灾害损失。

（2）隔离灭火法　隔离灭火法，就是将燃烧物体与附近的可燃物质隔离或疏散开，使燃烧停止。这种方法适用扑救各种固体、液体和气体火灾。

采取隔离灭火法的具体措施有：将火源附近的可燃、易燃、易爆和助燃物质，从燃烧区内转移到安全地点；关闭阀门，阻止气体、液体流入燃烧区；排除生产装置、设备容器内的可燃气体或液体；设法阻拦流散的易燃、可燃液体或扩散的可燃气体；拆除与火源相毗连的易燃建筑结构，造成防止火势蔓延的空间地带；采用泥土、黄沙筑堤等方法，阻止流淌的可燃液体流向燃烧点。

（3）窒息灭火法　窒息灭火法，就是阻止空气流入燃烧区，或用不燃物质冲淡空气，使燃烧物质断绝氧气的助燃而熄灭。这种灭火方法适用扑救一些封闭式的空间和生产设备装置的火灾。

在火场上运用窒息的方法扑灭火灾时，可采用石棉布、浸湿的棉被、湿帆布等不燃或难燃材料，覆盖燃烧物或封闭孔洞；用水蒸气、稀有气体（如二氧化碳、氮气等）充入燃烧区域内；利用建筑物上原有的门、窗以及生产设备上的部件，封闭燃烧区，阻止新鲜空气进入。此外在无法采取其他扑救方法而条件又允许的情况下，可采用水或泡沫淹没（灌注）的方法进行扑救。

采取窒息灭火的方法扑救火灾，必须注意以下几个问题：

① 燃烧的部位较小，容易堵塞封闭，在燃烧区域内没有氧化剂时，才能采用这种方法。

② 采取用水淹没（灌注）方法灭火时，必须考虑到火场物质被水浸泡后能否产生不良后果。

③ 采取窒息方法灭火后，必须在确认火已熄灭时，方可打开孔洞进行检查。严防因过早地打开封闭的房间或生产装置的设备孔洞等，而使新鲜空气流入，造成复燃或爆炸。

④ 采取稀有气体灭火时，一定要将大量的稀有气体充入燃烧区，以迅速降低空气中氧的含量，窒息灭火。

（4）抑制灭火法　抑制灭火法，是将化学灭火剂喷入燃烧区使之参与燃烧的化学反应，从而使燃烧反应停止。采用这种方法可使用的灭火剂有干粉和卤代烷灭火剂及替代产品。灭火时，一定要将足够数量的灭火剂准确地喷在燃烧区内，使灭火剂参与和阻断燃烧反应。否则将起不到抑制燃烧反应的作用，达不到灭火的目的。同时还要采取必要的冷却降温措施，以防止复燃。

采用哪种灭火方法实施灭火，应根据燃烧物质的性质、燃烧特点和火场的具体情况，以及消防技术装备的性能进行选择。有些火灾，往往需要同时使用几种灭火方法。这就要注意掌握灭火时机，搞好协同配合，充分发挥各种灭火剂的效能，迅速有效地扑灭火灾。

6．灭火器的用法

（1）泡沫灭火器　用来扑救汽油、煤油、柴油和木材等引起的火灾。使用时一手握提环，一手托底部，将灭火器颠倒过来摇晃几下，泡沫就会喷射出来。注意灭火器不要对人喷，不要打开筒盖，不要和水一起喷射。

（2）干粉灭火器　是一种通用的灭火器材，用于扑救石油及其产品、可燃气体、电气设备的初起火灾。使用时，一手握住喷嘴，对准火源，一手向上提起拉环，便会喷出浓云般的粉雾，覆盖燃烧区，将火扑灭。干粉灭火器要注意防止受潮和日晒，严防漏气。每半年检查一次。

（3）二氧化碳灭火器　主要适用于各种易燃、可燃液体，可燃气体火灾，还可扑救仪器仪表、图书档案、工艺器和低压电器设备等的初起火灾。应将喷嘴直接对准火焰喷射，以便迅速蒸发出二氧化碳气体，将火熄灭。灭火时，切勿用手触喷射筒，以防冻伤。

（4）手提式　先把灭火器上下颠倒几次，使桶内干粉松动，拔下保险销，一只手握住喷嘴，另一只手用力压下按把，喷嘴对准火焰根部即可将初期火灾扑灭。

（5）推车式　一般由两人操作，使用时将灭火器迅速接到或推到火场，在距离起火点10米处停下，一人将灭火器放稳，然后拔出保险销，迅速展开喷射软管，拿住喷枪，对准火焰根部，另一人压下按把，喷粉灭火。

7. 我国消防工作的方针

"预防为主，防消结合"。

8. 发生火灾如何报警

发生火灾应及时拨通火警电话"119"，报警时应讲清以下内容：
（1）着火单位名称、详细地址；
（2）着火部位、着火物质、火情大小；
（3）报警人姓名、报警电话号码；
（4）到门口迎接消防车。

六、劳动防护用品篇

劳动防护用品，是指由生产经营单位为从业人员配备的，使其在劳动过程中免遭或者减轻事故伤害及职业危害的个人防护装备。

1. 劳动防护用品如何分类

（1）按照用途以及防护部位分　劳动防护用品可以分为：以防止伤亡事故为目的的防护用品；以预防职业病为目的的防护用品；以防护人体指定部位为目的的防护用品。

以防止伤亡事故为目的的防护用品包括：防坠落用品，如安全带、安全网等；防冲击用品，如安全帽、防冲击护目镜等；防触电用品，如绝缘服、绝缘鞋、等电位工作服等；防机械创伤用品，如防刺、割、绞碾、磨损用的防护服、鞋、手套等；防酸碱用品，如耐酸碱手套、防护服和靴等；耐油用品，如耐油防护服、鞋和靴等；防水用品，如胶质工作服、雨衣、雨鞋和雨靴、防水保险手套等；防寒用品，如防寒服、鞋、帽、手套等。

以预防职业病为目的的防护用品包括：防尘用品，如防尘口罩、防尘服等；防毒用品，如防毒面具、防毒服等；防放射性用品，如防放射性服、铅玻璃眼镜等；防热辐射用品，如隔热防护服、防辐射隔热面罩、电焊手套、有机防护眼镜等；防噪声用品，如耳塞、耳罩、耳帽等。

以防护人体指定部位为目的的防护用品包括：头部防护用品，如防护帽、安全帽、防寒帽、防昆虫帽等；呼吸器官防护用品，如防尘口罩（面罩）、防毒口罩（面罩）等；眼部防护用品，如焊接护目镜、炉窑护目镜、防冲击护目镜等；手部防护用品，如一般防护手套、各种特殊防护（防水、防寒、防高温、防振）手套、绝缘手套等；足部防护用品，如防护（防尘、防水、防油、防滑、防高温、防酸碱、防振）鞋（靴）及电绝缘鞋（靴）等；躯干防护用品，通常称为防护服，如一般防护服、防水服、防寒服、防油服、防电磁辐射服、隔热服、防酸碱服等。

（2）按是否列入特种劳动防护用品分　劳动防护用品还可以分为特种劳动防护用品与一般劳动防护用品。特种劳动防护用品是指使劳动者在劳动过程中预防或减轻严重伤害和职业危害的劳动防护用品。一般劳动防护用品是指除特种劳动防护用品以外的防护用品。

2. 使用劳动防护用品要注意哪些问题

在工作场所必须按照要求佩戴和使用劳动防护用品。劳动防护用品是根据生产工作的实际需要发给个人的，每个职工在生产工作中都要好好地应用，以达到预防事故、保障个人安全的目的。使用劳动防护用品要注意的问题有：

（1）选择防护用品应针对防护目的，正确选择符合要求的用品，绝不能错选或将就使用，以免发生事故。

（2）对使用防护用品的人员应进行教育和培训，使其能充分了解使用的目的和意义，并正确使用。对于结构和使用方法较为复杂的用品，如呼吸防护器，应进行反复训练，使人员能熟练使用。用于紧急救灾的呼吸器，要定期严格检验，并妥善存放在可能发生事故的地点附近，方便取用。

（3）妥善维护保养防护用品，不但能延长其使用期限，更重要的是可以保证其防护效果。耳塞、口罩、面罩等用后应用肥皂、清水洗净，并用药液消毒、晾干。过滤式呼吸防护器的滤料要定期更换，以防失效。防止皮肤污染的工作服用后应集中清洗。

（4）防护用品应有专人管理，负责维护保养，保证它能充分发挥作用。

3. 安全帽的使用有哪些注意事项

（1）在使用之前一定要检查安全帽上是否有裂纹、碰伤痕迹、凹凸不平、磨损（包括对帽衬的检查），安全帽上如存在影响其性能的明显缺陷就应及时报废，以免影响防护作用。

（2）不能随意在安全帽上拆卸或添加附件，以免影响其原有的防护性能。

（3）不能随意调节帽衬的尺寸。安全帽的内部尺寸如垂直间距、佩戴高度、水平间距，标准中是有严格规定的，这些尺寸直接影响安全帽的防护性能，使用者不可随意调节，否则，落物冲击一旦发生，安全帽会因佩戴不牢脱出或因冲击触顶而起不到防护作用，直接伤害佩戴者。

（4）使用时一定要将安全帽戴正、戴牢，不能晃动，要系紧下颌带，调节好后箍以防安全帽脱落。

（5）不能私自在安全帽上打孔，不要随意碰撞安全帽、不要将安全帽当板凳坐，以免影响其强度。

（6）安全帽不能放置在有酸、碱、其他化学试剂或高温、日晒、潮湿的场所，以免其老化、变质。

（7）热塑性安全帽虽可用清水冲洗，但不能用热水浸泡，更不能放入浴池内洗涤；不能在暖气片、火炉上烘烤，以防止帽体变形。

（8）受过一次强冲击或做过试验的安全帽不能继续使用，应予以报废。

安全帽使用示意图见图 5-2。

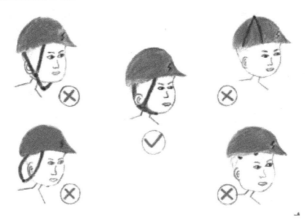

图 5-2　安全帽使用示意图

4. 如何正确使用安全带

（1）应当检查安全带是否经质检部门检验合格，在使用前应仔细检查各部分构件是否完好无损。

（2）使用安全带时，围杆绳上要有保护套，不允许在地面上拖着绳走，以免损伤绳套影响主绳。使用安全绳时不允许打结，并且在安全绳的使用过程中不能随意将绳子加长，这样会有潜在的危险。

（3）架子工单腰带一般使用短绳比较安全。如需使用长绳，以选用双背式安全带比较安全。悬挂安全带不得低挂，应高挂低用或水平悬挂，并应防止安全带的摆动、碰撞，避开尖锐物体。

（4）不得私自拆换安全带上的各种配件，更换新配件时，应选择合格的配件。单独使用 3m 以上的长绳时应考虑补充措施，如在绳上加缓冲器、自锁钩或速差式自控器等。缓冲器、自锁钩或速差式自控器可以单独使用也可以联合使用。

（5）作业时应将安全带的钩、环牢固地挂在系留点上，卡好各个卡子并关好保险装置，以防脱落。

（6）低温环境中使用安全带时应注意防止安全绳变硬割裂。

5. 绝缘手套的使用方法和注意事项有哪些

（1）使用经检验合格的绝缘手套（每半年检验一次）。

（2）佩戴前还要对绝缘手套进行气密性检查，具体方法：将手套从口部向上卷，稍用力将空气压至手掌及指头部分检查上述部位有无漏气，如有则不能使用。

（3）使用时注意防止尖锐物体刺破手套。

（4）使用后注意存放在干燥处，并不得接触油类及腐蚀性药品等。

（5）不使用时应包装储存在专用箱内，避免阳光直射、雨雪浸淋，并应小心放置，防止挤压折叠。

6. 口罩的使用应注意哪些问题

（1）定期更换口罩。出现以下情况时应及时更换口罩：口罩受污染，如染有血渍或飞沫等异物；使用者感到呼吸阻力大；口罩损毁。

（2）口罩不宜长期佩戴。从人的生理结构来看，由于人的鼻腔黏膜血液循环非常旺盛，鼻腔里的通道又很曲折，和鼻毛构起一道生理上的过滤"屏障"，当空气吸入鼻孔时，气流在曲折的通道中形成一股旋涡，使吸入鼻腔的气流得到加温。如果长期戴口罩，会使鼻黏膜变得脆弱，失去了鼻腔的原有生理功能，故不能长期戴口罩。

（3）口罩的外层往往积聚着很多外界空气中的灰尘、细菌等污物，而里层阻挡着呼出的细菌、唾液。因此，口罩的两面不能交替使用，否则会将外层沾染的污物在直接紧贴面部时吸入人体，而成为传染源。

（4）口罩在不戴时，应叠好放入清洁的信封内，并将紧贴口鼻的一面向里折好，切忌随便塞进口袋里或是在脖子上挂着。

（5）若口罩被呼出的热气或唾液弄湿，其阻隔病菌的作用就会大大降低。所以，平时最好多备几只口罩，以便替换使用，应每日换洗一次。洗涤时应先用开水烫 5min，再用手轻轻搓洗，清水洗净后在清洁场所风干。但是，有活性炭过滤的和一次性的口罩不必清洗。

7. 如何选用防噪声耳塞、耳罩和帽盔

耳塞、耳罩如图 5-3 所示。

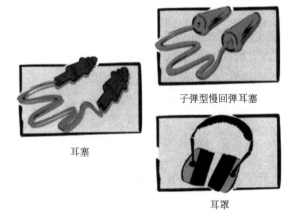

图 5-3　耳塞、耳罩示意图

耳塞是插入外耳道的一种栓塞，常用塑料或橡胶制作，以能密塞外耳道又不引起刺激或压迫为好。

耳罩常为塑料制成，内有泡沫或海绵垫层，覆盖双耳。耳罩能罩住部分颅骨，有助于减少一部分经骨传到内耳的噪声。

帽盔能覆盖大部分头骨，以防止强烈噪声经骨传导到内耳，帽盔两侧耳部常垫防声材料，加强防护效果。

使用这些防噪声用品时,应根据噪声的强度和频谱合理选用。对噪声强度是 110dB 的中频噪声,只用耳塞即可;对 140dB 的噪声,即使是低频,也宜耳塞和耳罩并用,或戴帽盔。

8. 如何正确佩戴正压式空气呼吸器

(1) 背戴气瓶。如图 5-4 所示。将气瓶阀向下背上气瓶,通过拉肩带上的自由端,调节气瓶的上下位置和松紧度,直到感觉舒适为止。

图 5-4　空气呼吸器佩戴图

(2) 扣紧腰带。将腰带公扣插入母扣内,然后将左右两侧的伸缩带向后拉紧,确保扣牢。

(3) 佩戴面罩。将面罩的上五根带子放到最松,把面罩置于使用者脸上,然后将头带从头部的上前方向后下方拉下,由上向下将面罩戴在头上。调整面罩位置,使下巴进入面罩下面凹形内,先收紧下端的两根颈带,然后收紧上端的两根头带及顶带,如果感觉不适,可调节头带松紧。

(4) 面罩密封。用手按住面罩接口处,通过吸气检查面罩密封是否良好。做深呼吸,面罩两侧应向人体面部移动,人体感觉呼吸困难,说明面罩气密性良好,否则需要再收紧头带或重新佩戴面罩。

(5) 装供气阀。将供气阀上的接口对准面罩插口,用力往上推,当听到"咔嚓"声时,安装完毕。

(6) 检查仪器性能。完全打开气瓶阀,此时,应能听到报警哨短促的报警声,否则,报警哨失灵或者气瓶内无气。同时观察压力表读数。通过几次深吸检查供气阀性能,呼气和吸气都应舒畅、无不适感觉。

(7) 使用。正确佩戴仪器再经认真检查后即可投入使用。

(8) 正压式空气呼吸器在使用过程中要注意随时观察压力表和报警器发出的报警信号。使用结束后,首先用手捏住下面左右两侧的颈带扣环向前一推,松开颈带,再松开头带,将面罩从脸部由下向上脱下。然后,转动供气阀上旋钮,关闭供气阀,并捏住公扣榫头,退出母扣。最后,放松肩带,将仪器从背上卸下,关闭气瓶阀。

七、危险化学品篇

1. 认识危险化学品

危险化学品是指具有毒害、腐蚀、爆炸、燃烧、助燃等性质，会对人（包括生物）、环境造成伤害或损害的化学品叫危险化学品。

2. 危险化学品的分类

按我国目前已公布的法规、标准，有三个国标：《危险货物分类和品名编号》（GB 6944—2012）、《危险货物品名表》（GB 12268—2012）、《化学品分类和危险性公示 通则》（GB 13690—2009），将危险化学品分为八大类。即

第 1 类：爆炸品；
第 2 类：压缩气体和液化气体；
第 3 类：易燃液体（如：乙醛、丙酮等）；
第 4 类：易燃固体、自燃物品和遇湿易燃物品；
第 5 类：氧化剂和有机过氧化剂；
第 6 类：毒害品；
第 7 类：放射性物品；
第 8 类：腐蚀品（如：强酸、强碱、氢氟酸、氯化铬酰、氯磺酸、溴、甲醛溶液、硫酸、冰醋酸等）。

3. 危险化学品存放

危险化学品储存方式分为三种：隔离储存、隔开储存及分离储存。

4. 危险化学品危害

（1）危险化学品的火灾、爆炸危害　火灾、爆炸事故有很大的破坏力，化工、石油化工企业生产中使用的原料、中间产品及最终产品多为易燃、易爆物，一旦发生火灾、爆炸事故，会造成严重后果。

（2）危险化学品的健康危害　有些危险化学品具有毒性、刺激性、腐蚀性、致癌性、致畸性、窒息性等特性，导致人员中毒的事故频繁发生，据统计表明，由于化学品的毒性危害导致的人员伤亡占化学事故的 49.9%，对人体的健康危害主要表现在刺激、过敏、窒息、昏迷和麻醉、中毒、致癌等。

（3）危险化学品的污染危害　随着工农业的迅猛发展，有毒有害的污染随处可见，而给人类造成的灾害要属有毒有害化学品最为严重。化学品侵入环境的途径几乎是全方位的，其中最主要的侵入途径如下：

① 人为使用直接进入环境；
② 在生产、加工、储存过程中，作为化学污染物以废水、废气和废渣等形式排放进入环境；
③ 在生产储存和运输过程中，由于着火、爆炸、泄漏等突发性化学事故，致使大量有害化学品外泄进入环境；

④ 在石油、煤炭等燃料燃烧过程中以及家庭装饰等日常生活使用中，有害化学品直接排入或作为废弃物进入环境。

5. 正确使用危险化学品

在使用危险化学品的场所张贴危险化学品安全标签和安全警示标识；根据安全操作规程使用危险化学品。

氧气瓶和乙炔瓶摆放要有安全距离。工业气瓶有防倾倒装置。

使用危险化学品场所，均应有应急水源，有洗眼器，配备消防器材。

作业时应要佩戴防护用品。

生产、储存易燃易爆危化品作业场所电气设备必须整体防火、防爆。

不准超量存放。严禁在工作地点吸烟、饮水和吃东西。

6. 危险化学品事故应急处置

（1）易燃、易爆化学品或有毒化学品泄漏时　第一发现者应立即报告给企业主管部门，在配备个人防护装备的情况下进入现场救援。

如果泄漏物是易燃易爆介质，事发现场应严禁火种、切断电源、禁止车辆进入、立即在边界设置警戒线。若事故情况恶劣、可能发生二次事故时，员工应第一时间进行撤离，待专业应急处置人员到来后再协助救援。

如果泄漏物是有毒介质，应穿戴好专用防护服、隔离式空气呼吸器，再进行现场救援，并立即在事故中心区边界设置警戒线。若事故情况恶劣、事故现场无专用防毒用品时，员工应第一时间进行撤离，待专业应急处置人员到来后再协助救援。

（2）被具有腐蚀性的化学品灼伤时　第一发现者应立即报告给企业主管部门。

如果是化学性皮肤灼伤时，立即移离现场，迅速脱去被化学物沾污的衣裤、鞋袜等。立即用大量流动自来水或清水冲洗创面 15～30min。黄磷烧伤时应用大量水冲洗、浸泡或用多层湿布覆盖创面。灼伤病人应及时送医院。烧伤的同时，往往伴有骨折、出血等创伤，在现场也应及时处理。如果是化学性眼灼伤，迅速在现场用流动清水冲洗，千万不要未经冲洗处理而急于送医院，如无冲洗设备，也可把头部埋入清洁盆水中，把眼皮掰开，眼球来回转动洗涤，电石、生石灰（氧化钙）颗粒溅入眼内，应先用蘸石蜡油或植物油的棉签，去除颗粒后，再用水冲洗。

（3）当员工发生危险化学品中毒窒息事故时　第一发现者应立即报告给企业主管部门。

发生窒息性化合物中毒事件后，无论任何危险等级，现场人员应迅速将污染区域内的所有人员转移至毒害源上风向的安全区域，以免毒物的进一步侵入，同时正确穿着、佩戴安全防护用具，并做好监护监督工作。在产生窒息性有毒气体区域进行救治时，必须佩戴防毒面具或正压式呼吸器，并给予被救治者相应防护装备。立即将患者移离现场，置空气新鲜处，脱去被污染的衣服和鞋袜，静卧保暖，保持呼吸道通畅。吸入中毒患者，救治条件允许，必要时给予吸氧。呼吸心跳停止者，立即进行现场心肺复苏。

（4）注意事项

① 进入事发现场救援应从上风、上坡处进入。

② 应急处理时严禁单独行动，应严格按企业应急预案的方案执行。

③ 新鲜创面上不要任意涂上油膏或红药水，不用脏布包裹。

④ 当化学品不慎溅入眼中时，冲洗时眼皮一定要掰开。

八、安全管理篇

1. 安全生产管理体制

国家监察，地方监管，企业负责，群众监督，劳动者遵章守纪。

其中企业负责就是说企业管理生产的同时，必须管安全。企业从创建、生产准备到生产过程的全过程都要保证人员、设备、环境的安全，不能只讲经济效益，忽视安全。

劳动者遵章守纪就是要求每个职工自觉遵守安全生产的有关法律规章以及本行业的规章制度。

2. 安全生产

安全生产是为了使生产过程在符合物质条件和工作秩序下进行的，防止发生人身伤亡和财产损失等生产事故，消除或控制危险、有害因素，保障人身安全与健康、设备和设施免受损坏、环境免遭破坏的总称。

3. 安全生产"五要素"

安全生产"五要素"是指安全文化、安全法制、安全责任、安全科技和安全投入。

（1）安全文化　即安全意识，是存在于人们头脑中，支配人们行为是否安全的思想。

（2）安全法制　是指安全生产法律法规和安全生产执法。主要内容包括：宣传和学习《中华人民共和国安全生产法》及配套法规和安全标准，同时企业要结合实际建立和完善安全生产规章制度。

（3）安全责任　主要是指搞好安全生产的责任心。主要含义有两层：企业是安全管理的责任主体，企业法定代表人、企业"一把手"是安全生产的第一责任人；各级政府是安全生产的监督管理主体，具有监管责任。

（4）安全科技　是指安全生产科学与技术。主要内容有：企业要采用先进实用的生产技术，组织安全生产技术研究开发。

（5）安全投入　是指保证安全生产必需的经费。企业是安全投资主体，要按规定从成本中列支安全生产专项资金，加强财务审计，确保专款专用。

4. 安全生产管理

安全生产管理是管理的重要组成部分，所谓安全生产管理，就是针对人们在生产过程中的安全问题，运用有效的资源，发挥人们的智慧，通过人们的努力，进行有关决策、计划、组织和控制等活动，实现生产过程中人与机器设备、物料、环境的和谐，达到安全生产的目标。安全生产管理包括安全生产法制管理、行政管理、监督检查、工艺技术管理、设备设施管理、作业环境和条件管理等。

5. 公司安全生产管理制度

安全生产管理制度主要包括安全生产责任制、安全培训教育制度、安全生产检查与隐患治理管理制度、安全生产会议制度、安全生产费用提取和使用管理制度、安全生产奖惩制度、安全设施管理制度、防火防爆管理制度、作业现场的管理制度等。

6. 安全生产责任制

（1）安全生产是关系到国家和人民群众生命财产安全的大事，落实安全生产责任制是做好安全工作的关键。

（2）公司、部门行政"一把手"是安全生产第一责任人，各级领导要贯彻"谁主管，谁负责"的原则，必须在各自的工作职责范围内，对实现安全生产负责。

（3）安全生产人人有责，有岗必有责，公司的每一个职工必须在自己的岗位上履行各自的安全职责，实现全员安全生产责任制。

（4）班组长安全职责

① 贯彻执行公司、部门、车间对安全生产的指令和要求，全面负责本班组的安全生产。

② 组织职工学习并贯彻执行公司、部门、车间各项安全生产规章制度和安全技术操作规程，教育职工遵章守纪，制止违章行为。

③ 组织并参加安全活动，坚持班前讲安全、班中查安全、班后总结安全。

④ 负责对新工人（包括实习、代培人员）进行岗位三级安全教育。

⑤ 负责班组安全检查，发现不安全因素及时组织力量消除，并报告上级。发生事故立即报告，并组织抢救，保护好现场，做好详细记录，参加事故调查、分析，落实防范措施。

⑥ 搞好生产设备、安全装备、消防设施、防护器材和急救器具的检查维护工作，使其经常保持完好和正常运行。督促教育职工合理使用劳动保护用品、用具，正确使用灭火器材。

⑦ 搞好班组安全生产竞赛，表彰先进，总结经验。

⑧ 抓好班组建设，提高班组管理水平。保持生产作业现场整齐、清洁，实现文明生产，并做好班组的思想政治工作。

（5）员工安全职责

① 认真学习和严格遵守各项规章制度，不违反劳动纪律，不违章作业，对本岗位的安全生产负直接责任。

② 精心操作，严格执行工艺纪律，做好各项记录。交班必须交接安全情况，交班要为接班创造安全生产的良好条件。

③ 正确分析、判断和处理各种事故苗头，把事故消灭在萌芽状态。如发生事故，要果断正确处理，及时如实地向上级报告，并保护现场，做好详细记录。

④ 按时认真进行巡回检查，发现异常情况及时处理和报告。

⑤ 正确操作，精心维护设备，保持作业环境整洁，搞好文明生产。

⑥ 上岗必须按规定着装，妥善保管、正确使用各种防护器具和灭火器材。

⑦ 积极参加各种安全活动，岗位技术练兵和事故预防训练。

⑧ 有权拒绝违章作业的各种指令。对他人明显违章作业有权劝阻和制止。

7. 怎样理解"安全生产，重在预防"

安全生产以预防为主，变被动为主动，变事后处理为事前超前预防，把事故消灭在萌芽状态。

（1）及时消除生产装置中的各类隐患，采用先进的安全防护装置。

(2) 不断提高判断和处理事故的能力,掌握设备和环境的变化,做好检测工作。
(3) 不符合安全生产要求的设备、装置,禁止投入运行。

第三节　安环健教育培训规范

目前各大企业家认为一个企业是否具有竞争力,关键就是看在这个企业里的人是否具有竞争力、是否具有较强的工作能力。公司通过对员工的培训和提高,以最终达到提高企业核心竞争力的目标。人才是企业最基本也是最重要的资源,对于一个企业来说如何把"人"变成"人才"可以说是重中之重,关系到企业发展的长远问题。员工的教育培训并不是提高企业竞争力的唯一途径,但员工培训却是提高企业竞争力的重要途径之一。只有通过培训才能使员工的素质得到提升;只有通过培训才能使管理者的意图得到贯彻;只有通过培训才能使公司的制度得到具体落实;只有通过培训才能形成可持续发展的优势。所以,员工的培训不仅仅是必需的,而且还是非常必要的。员工培训也是一种投资,而且员工培训是企业所冒风险最小、收益最大的战略性投资。

一、《中华人民共和国安全生产法》教育培训规定

《中华人民共和国安全生产法》第二十八条规定:生产经营单位应当对从业人员进行安全生产教育和培训,保证从业人员具备必要的安全生产知识,熟悉有关的安全生产规章制度和安全操作规程,掌握本岗位的安全操作技能,了解事故应急处理措施,知悉自身在安全生产方面的权利和义务。未经安全生产教育和培训合格的从业人员,不得上岗作业。

生产经营单位使用被派遣劳动者的,应当将被派遣劳动者纳入本单位从业人员统一管理,对被派遣劳动者进行岗位安全操作规程和安全操作技能的教育和培训。劳务派遣单位应当对被派遣劳动者进行必要的安全生产教育和培训。

生产经营单位接收中等职业学校、高等学校学生实习的,应当对实习学生进行相应的安全生产教育和培训,提供必要的劳动防护用品。学校应当协助生产经营单位对实习学生进行安全生产教育和培训。

生产经营单位应当建立安全生产教育和培训档案,如实记录安全生产教育和培训的时间、内容、参加人员以及考核结果等情况。

《中华人民共和国安全生产法》第二十九条规定:生产经营单位采用新工艺、新技术、新材料或者使用新设备,必须了解、掌握其安全技术特性,采取有效的安全防护措施,并对从业人员进行专门的安全生产教育和培训。

二、教育培训典型做法

(1) 出台公司安环健培训管理办法;
(2) 每年编制安环健培训计划;
(3) 每年组织公司主要负责人、车间主要负责人和安全管理人员的培训;
(4) 每年开展班组长管理方法、技能的培训和关键岗位危害识别、风险控制等为主要内

容的培训；

（5）适时组织新员工三级、转岗、复工人员的培训；

（6）投入资金建立安环健培训室。

 专栏：教育培训管理原则

> 1. 员工必须接受与岗位相关的培训，并应定期进行再培训。
> 2. 一切培训活动以满足岗位培训需求为核心。
> 3. 培训方式以在岗培训、辅导为主，脱产培训、讲授为辅。
> 4. 培训其下属是各级管理人员的职责之一。
> 5. 培训内容以管理规范、程序、操作规程为主。
> 6. 主管领导对其下属岗位胜任能力负责。

三、教育培训总体思路

1. 管理方式优化

（1）培训是企业管理有机组成部分，培训与管理活动有机结合，每一个管理标准，程序或操作规程均有相关人员培训的具体要求。

（2）建立一套行之有效的与培训相关的工具，如培训需求矩阵、培训模块、培训效果评价表及培训师资选拔标准等。

（3）培训完全基于其岗位任职要求与岗位风险控制需要，目的是帮助各级管理层与全体员工提高岗位风险辨识与控制能力，保证安全地工作。

（4）培训的主体是被培训的对象，包括培训计划在内的一切培训活动以满足培训对象需求为准则。

（5）管理标准、程序或操作规程是员工培训主体教材。员工被指定进行某项工作之前，必须接受与该工作相关的培训，经考核证明能安全地胜任该工作，方能上岗。

（6）培训形式以在岗培训、辅导为主，脱产培训、讲授为辅。管理层对其下属的岗位胜任能力负责，岗位职责中明确赋予培训下属的职责。

（7）建立培训师培训机制，鼓励管理层，各类专业管理人员与资深员工成为某一个或数个专项的兼职培训师，员工、社区人员均能参与。

（8）直线组织对培训的有效性负最终责任，其他职能部门提供专业支持；培训效果的评价准绳就是员工的岗位胜任能力，即风险控制能力的提高。

2. 开发"菜单式（模块式）、自主式"培训课程

课程开发框架见图5-5。

准备海量内容，个性化定制精细内容，如安全宣教方面，可以做到人员全面覆盖、专业全面覆盖、内容全面覆盖，形式可以多样化，让安全教育培训落实到班组/车间，丰富的安全生产知识内容——解决了班组/车间/社区人员安全教育培训缺内容、缺师资、缺手段的难题。自主开发课程覆盖图见图5-6。

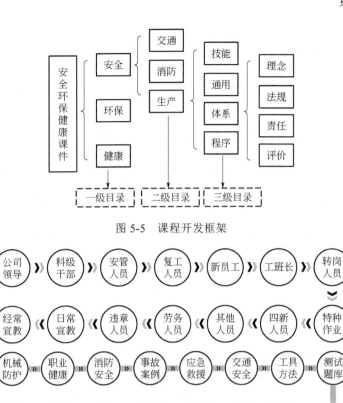

图 5-5　课程开发框架

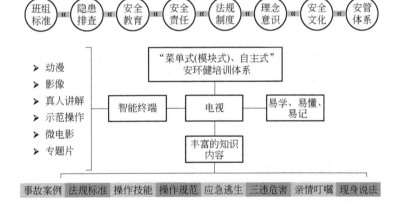

图 5-6　自主开发课程覆盖图

3. 建立标准化培训课件

化工企业标准化培训表见表 5-1。

表 5-1　化工企业标准化培训表

一级目录	二级目录
安全	体系类
	程序类
	工具类
	通用类

续表

一级目录	二级目录
安全	技能类
	事故类
	应急类
消防安全	消防类
交通安全	交通类
环境保护	环境类
职业健康	健康类
共5类	共11小类

四、教育培训管理要求

（一）履行管理职责

（1）公司安全环保部归口管理，协助各部门开展培训需求识别，对培训的实施提供咨询、支持和审核。

（2）公司综合办公室（培训管理）将安环健培训计划纳入总体培训计划，协调培训资源，并协助各级领导（公司、部门、车间）实施培训计划。

（3）各级领导负责下属员工培训需求的识别与维护、培训计划的编制与实施、培训效果的评价与跟踪。

（4）各部门负责组织实施本部门的安环健培训管理程序，并组织培训、监督、考核。

（5）各单位人力资源管理人员（综合管理员）将安环健培训计划纳入本单位总体培训计划，协调培训资源，并协助直线领导实施培训计划。

（6）各单位安全管理员协助本单位领导开展培训需求识别，对培训的实施提供咨询、支持和审核。职工接受岗位安环健培训，并提出改进建议。

 专栏：教育培训经验分享

> 企业责任＋落实=安全。企业实现安全需要做到"六有"：工作需要有制度、培训有教材、授课有教员、资料有档案、测试有考核、参与有考勤。

（二）教育培训流程

教育培训流程见图5-7。

1. 教育培训需求的识别与维护

（1）培训需求的识别与维护职责

① 各级领导负责下属职工培训需求的识别与维护，与职工沟通，使其了解岗位要求的安环健能力及自己与岗位要求的差距；

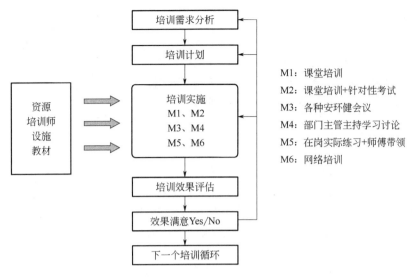

图 5-7　教育培训流程

② 公司分层次编制岗位安环健培训需求矩阵，培训需求矩阵包括岗位名称、培训内容、掌握程度、培训周期、培训方式等主要内容；

③ 每年对培训需求进行评估，及时更新培训需求矩阵，并与下属职工沟通；

④ 当组织结构、经营规模、经营性质和岗位职责发生变化时，应及时评估岗位安环健培训需求，更新培训需求矩阵。

（2）教育培训需求的识别与维护内容

① 岗位基本技能要求；

② 岗位风险；

③ 岗位操作规程；

④ 安环健审核的结果；

⑤ 业绩考核的结果；

⑥ 安环健管理规范、程序等；

⑦ 相关法律法规及其他要求；

⑧ 人员、技术和设施变更；

⑨ 应急演练与应急反应的总结；

⑩ 安环健表现分析与改进机会；

⑪ 本单位安环健方针、目标、指标；

⑫ 岗位能力评估的结果；

⑬ 事故和意外事件的教训；

⑭ 再培训。

 专栏：壳牌石油公司安全管理理念

1. 人是最重要最宝贵的财富，强调人身安全是安全工作的终极目标；
2. 安全工作是各级部门和全员参与的系统工程，安全责任主体在业务部门；
3. 安全目标同其他经营指标一样重要，是对各级管理者的重要考核依据。

> **对承包商管理**
> 1. 对承包商的要求与对内部部门的要求一样；
> 2. 对承包商的管理与对内部部门的管理一样；
> 3. 对承包商员工的要求与对自己员工的要求一样；
> 4. 对承包商员工的管理与对自己员工的管理一样。

不同层级人员培训与维护内容见图5-8。

```
            ┌ 知识：工艺设备原理/操作规程
一线员工   ┤ 愿望：价值观的引领
            └ 技能：工作安全分析/工作循环检查/作业许可中的安全措施/基本技能

            ┌ 技能：工艺安全分析/观察与沟通/事故分析
中层       ┤ 知识：职责归位、安全系统的理解
            └ 愿望：职责考核

            ┌ 愿望：内在价值观的展示，有感领导
高层       ┤ 知识：先进的现代企业制度
            └ 技能：观察与沟通
```

图5-8 不同层级人员培训与维护内容

2. 教育培训计划的编制

（1）公司综合办公室（培训管理）对培训计划进行汇总，考虑培训资源的可利用性及公司安环健年度目标，编制公司年度培训计划，并分发相关单位；

（2）培训计划应优先考虑在岗培训，最大限度地利用和发挥各专业领导，基层管理人员和专业人员及资深职工在安环健培训中的作用；

（3）培训计划还应包含安环健再培训。

3. 教育培训的实施

（1）培训具体实施者：公司领导、中层领导、工班长、安环健专职人员、专业管理人员、专业技术人员、资深的职工、聘请的外部专家。

（2）培训的方式

① M1：课堂培训；

② M2：课堂培训+针对性考试；

③ M3：各种安环健会议；

④ M4：部门主管主持学习讨论；

⑤ M5：在岗实际练习+师傅带领；

⑥ 网络学习。

（3）教育培训实施要求

① 职工的安环健培训计划应严格执行，如果不能按原计划执行时，直线领导应与培训管理部门进行沟通协调，及时调整培训计划；

② 各级领导应保证培训时间，并提供培训后上岗的辅导；

③ 综合办公室（培训管理）应在培训资金、培训地点、培训设施、培训教材、培训师（需要时）等方面提供支持。

（4）教育培训考核

① 面试或口头提问；

② 笔试；

③ 技能演示：实际操作考核；

④ 网上答题。

（5）教育培训实施跟踪

① 培训实施者应全过程跟踪培训的实施，及时获取培训效果的反馈，根据反馈的结果，提出适当的改进措施，如调整培训师、培训内容或培训方式；

② 培训实施过程中，培训实施者应将职工的参与程度、考试成绩及时反馈给职工，鼓励职工积极完成培训课程。

4．教育培训效果评估

课堂评估：课堂满意度调查表。

岗位评估：培训效果评估（上级、下级、自己）。

各级领导负责对职工培训效果的评估、跟踪与反馈。各级领导在职工参加培训后 3 个月内，通过观察日常工作和沟通评估培训效果。

（1）岗位评估内容

① 职工的安环健意识和能力是否提高及提高的程度；

② 安环健管理规范、程序和操作规程是否得到有效执行；

③ 培训课程的设置（包括培训方法、培训内容、培训师等）是否满足职工的实际需要。

（2）在岗职工能力评估

① 安环健审核的建议；

② 行为安全观察的建议；

③ 事故和事件调查报告；

④ 应急演习建议；

⑤ 风险分析；

⑥ 人员、技术或设施变更分析。

5．培训师资培训

主要对兼职培训师资开展，包括堂讲授培训师、在岗辅导培训师两类人群。

6．培训档案管理

综合办公室（培训管理）负责安环健培训档案的管理。安环健培训档案主要包括：培训需求矩阵、培训计划、培训实施的记录、培训效果的评估记录、培训师的备案和培训的记录、相关证书、考核记录等。

7．培训持续改进

培训需求和计划应随业务发展、组织机构的变化作相应改进完善：

① 根据职工反馈意见，改进课程设计，包括内容和具体授课方式；
② 沟通和专业训练，提高培训师的能力，包括专业知识、现场经验和课堂组织技能；
③ 优化各部门之间的关系，提高培训管理各环节的有效性。

本章小结

本章第一节主要介绍了教育培训的目的、意义、价值以及对象等；第二节主要介绍了教育培训的主要内容，分别从安全名词、安全警句、安全歌谣、安全常识、消防知识、劳动防护、危险化学品及安全管理等方面做介绍；第三节列举安环健培训规范。从而可以帮助学习者转变观念、养成习惯、提升能力等，高标准践行安全环保价值观。

拓展阅读

一、安全教育制度

（1）全体员工每年安全生产再培训的要求。岗位职工每年接受安全生产教育培训不少于24学时。未经安全生产教育和培训考核合格的员工，不得上岗单独作业。

（2）请假在15天以上（含15天），不满三个月，进行1天班组教育，并经考核合格方可上岗；离岗三个月以上重新上岗时，进行复工教育，并经考核合格方可上岗，复工教育为两级教育（车间教育和班组教育）。

（3）转岗教育。转岗教育分以下两种情况：在本分厂内部转岗，由分厂组织班组开展专门的安全教育，并经分厂、单位考试考核合格方可上岗，签订师徒协议。在分厂、单位之间的岗位调动，由接收单位组织开展转岗教育，并经考试合格，签订师徒协议方可上岗作业，该教育为两级教育。

二、互保联保责任制度

（1）以各作业岗位为基础，根据工作需要而自然形成的，能够起到相互监督、相互提醒的群体称为互保联保小组。

（2）互保联保小组成员构成情况有以下几种：本作业岗位实际参加作业活动的人员；因工作原因临时到达本岗位参与设备的维护和修理、质量检验及其他作业的相关人员。

（3）互保联保小组成员享有的权利：本岗位作业危害的知情权；对本岗位隐患整改的建议权；对其他成员行为规范的监督权和违章违纪行为的制止权；对违章指挥、强令冒险作业的拒绝权、申诉权和控告权。

（4）互保联保小组成员应尽的义务：有履行遵章守纪的义务；有接受安全交底的义务；有及时报告事故隐患的义务；对小组其他成员有安全提醒的义务，有制止小组成员违章违纪行为的义务。

三、检修安装安全管理规定

（1）检修人员必须掌握检修作业方案或检修作业卡上内容，熟悉和掌握检修安装作业的伤害预知预警的要求，明确工作内容，熟悉检修作业的流程，掌握作业过程存在的危险有害因素和相应的安全防范措施。

（2）在作业前应当检查好准备工作情况，对即将进行检修的设备进行安全确认，检修机械设备必须停机、停电，并按照公司的规定挂好警示牌和操作牌。

（3）设备运转没有停稳、停妥，不能进行检修。

（4）作业时应考虑作业安全距离，防止在作业过程中发生伤害他人的事故。

（5）作业结束必须做到"两清""四查"

① 两清：清点工具、零件，妥善保管；清理现场，设备遮盖加封，因检修拆除或移位的安全防护设施必须予以复位。

② 四查：查现场有无遗留火种；查沟、坑、孔、洞的盖板和围栏是否齐全；查拆开的管道、阀门口封堵是否良好；查检修用电源是否断开或者拆除。

（6）检修结束后，启动设备前必须对设备传动部位及设备周围的人和物等情况进行确认。

（7）操作牌使用管理规定

① 设备操作牌是对设备进行维护、检修的唯一凭证，没有取得设备操作牌的人员，不能单独对设备进行维护或检修。操作牌上应注明岗位、工种和持有者的姓名。作业检修前，如一个作业过程有两个或两个以上人员参与的，应使用作业负责人的操作牌；检修作业不得使用其他人员的操作牌。

② 在设备检修前必须将操作牌放置在该设备的启动点上，方可进行检修作业，检修完毕，检修人员应立即将操作牌取回。被检修设备和其他相关运转设备相联系或者有影响的，其他相关设备也必须切断电源，挂好操作牌。

③ 同一作业检修点上有多个作业进行检修的，有多少种作业就应挂放多少操作牌。

④ 在设备的启动点上放置操作牌，必须有效地切断主电源或隔断其他动力传输能源（包括电源、气源、液压源、皮带传动的皮带、齿轮传动的齿轮、联轴传动的联轴器等）。

⑤ 在机旁箱上放置操作牌，必须将转换开关打到"0"位、"机旁"和"手动"等位置，有急停开关的应按下急停开关。

⑥ 有远程控制系统的设备，挂好操作牌后，应由专业负责人对是否存在其他可能启动的情况进行确认；如有，应采取相应措施，切断主启动电源，并在控制开关上挂好"线路有人工作、禁止合闸启动"等警告标志，危险性较大的情况，应派专人进行看守。

⑦ 检修为液压、气动等设备的，除在电气控制点按本规定挂放操作牌之外，还应当有防止液压、气动设备动作的安全措施。

⑧ 在长输皮带上进行检修作业，除在机旁位置放置操作牌外，还应采取下列安全措施：将皮带机的拉绳拉起，挂在专用的挂钩上，检查拉绳的松紧程度，确认拉绳开关已经切断；同时应向中心控制室进行报告并得到确认。

⑨ 设备操作人员只有在检修人员取回操作牌后才能按程序启动设备。多个检修工种的必须在最后一个操作牌取走之后，方可按程序启动设备。

⑩ 检修操作牌的取回应遵循"谁挂谁取"的原则，检修作业时间跨度长，期间检修人员进行轮换作业的情况，在人员对口交接时，操作牌也应当更换为对应的接班人员操作牌。

⑪ 作业人员应妥善保管操作牌，如有丢失，应立即申请分厂单位补发。

⑫ 设备检修人员应严格执行上述有关操作牌的规定，如发现违反操作牌规定作业的，均视为严重违章作业。

四、安全生产隐患排查整治制度

（1）员工发现事故隐患或者其他不安全因素，应当立即向现场安全生产管理人员或者本单位负责人报告，接到报告的人员应当及时予以处理。

（2）公司（企业）安全生产事故隐患举报电话如下。

白天：安全生产管理处×××；企管处×××。

夜间：生产指挥中心总调度室×××。

（3）公司（企业）安全生产事故隐患举报电子信箱为×××。

（4）公司（企业）设置在各有关门卫、区域的建议箱。

 思考题

1．教育与培训的主要对象有哪些？
2．阐述教育与培训的主要意义与价值。
3．企业如何做好安全管理工作？
4．简述对承包商的教育与管理的具体要求。
5．生产厂区十四个不准有哪些？

 练习题

1．岗位职工每年接受安全生产教育培训不少于_____。未经_____和_____的员工，不得上岗单独作业。

2．请假在_____，进行_____班组教育，并经考核合格方可上岗；离岗_____重新上岗时，进行复工教育，并经考核合格方可上岗，复工教育为两级教育（_____）。

3．转岗教育。转岗教育分以下两种情况：在_____，由分厂组织班组开展专门的安全教育，并经分厂、单位考试考核合格方可上岗，签订_____。在_____，由接收单位组织开展转岗教育，并经考试合格，签订师徒协议方可上岗作业，该教育为_____。

4．检修操作牌的取回应遵循_____的原则，检修作业时间跨度长，期间检修人员进行轮换作业的情况，在人员对口交接时，操作牌也应当更换为对应的接班人员操作牌。

5．设备检修人员应严格执行上述有关操作牌的规定，如发现违反操作牌规定作业的，均视为_____。

第六章 绩效评估与持续改进

根据团体标准《社区认知和应急响应实施细则》中的规定：

10 绩效评估与持续改进

10.1 企业应建立检查与绩效考评长效机制，对责任关怀管理体系中社区认知和应急响应实施细则各要素的落实情况定期进行评估。

10.2 企业应对评估过程中发现的问题及时进行跟踪和整改，对构成隐患的原因进行分析，制定可行的整改措施，并对整改结果进行验证。

10.3 企业应按照本文件要求，结合责任关怀其他实施要求或者其他管理体系，每年至少进行一次管理评审，实现持续改进。

第一节 绩效评估基本理论

一、绩效的概念及其特征

（一）绩效的概念

绩效（performance）一词来源于西方的管理学界，它的原意是指表现和成绩。不同的人对绩效的理解不同。有人认为，绩效是指完成工作的效率与效能；有人认为绩效是指经过评估的工作行为、方式及其结果；更多的人认为绩效是指员工的工作结果，是对企业的目标达成具有效益、具有贡献的部分；也有人认为绩效是组织为实现其目标而开展的不同层面上的有效输出。

目前，国内对绩效有两种主要观点，第一种观点认为，绩效是结果；第二种观点认为，绩效是行为。

1. 绩效是结果

绩效可以指效率（efficiency），也可以指工作结果（result）或者产出（products）。从字面上看，绩效表现为一种产出结果的状态，如是否有效、是否令人满意等。一般意义上的效率、结果、产出都侧重于表现工作成果的数字，绩效则突破了量化行为结果的范畴，着重考虑员工个人的工作效率、工作状态、服务质量以及组织的可持续发展能力。从这个方面来看，绩效是指组织立足于长远发展，以提高个人绩效和组织绩效为基本目标，为个人积极性的提高和创造性的发挥提供空间，并以组织服务对象的满意度为衡量标准。

2. 绩效是行为

绩效究竟是过程还是结果，其实人们也一直在争论。随着对绩效问题研究的不断深入，人们对绩效是工作成绩、目标实现、结果、生产量的观点不断提出调整，普遍接受了绩效的行为观点，即"绩效是行为"。绩效与组织和个体的行动决策、取向密切相关，不同的行为取向决定着不同的行为过程和结果。随着人们对绩效定义认识的深入，人们逐渐从"绩效是一种组织和个体行为"的视角去审视绩效的内涵。某种特定的结果和产出并不一定是个体行为导致的，可能会受到与工作无关的其他影响因素的影响。个人也许没有平等地完成工作的机会，或者在工作中的表现不一定都与工作任务有关，过分关注结果会忽视重要的行为过程，而对过程控制的缺乏会导致工作结果的不可靠性。

从化工企业的社区认知与应急响应绩效来看，既强调结果也强调过程，它是一段时期内的工作行为、方式、结果及其产生的客观影响，受到多种因素和条件的影响，也是多个主体协同参与整合资源和权力的过程。化工企业社区认知与应急响应的绩效管理的核心思想是绩效改进，即通过绩效计划、绩效监控、绩效评估、绩效反馈构成全封闭良性循环，持续地提升个人、部门和组织的绩效。正是基于这样的核心思想，持续改进的绩效观，关注的不仅仅是最终结果，更关注基于全局考量和流程优化的系统管理方法与技术，并强调其应用性与反馈性。

（二）绩效的特征

绩效本身是一个复杂的概念，具有多因性、多维性和动态性的基本特征。

1. 多因性

多因性是指影响绩效或绩效"生产"的要素具有多元性，是由多种因素共同决定的，有能力、激励等主观因素，也有机会、环境等客观因素，这些因素共同对绩效产生直接或间接的影响。

2. 多维性

多维性是指绩效的优劣只有从多个方面、多个角度去分析，才能取得比较合理、客观和易接受的结果。多维性的特点意味着社区认知与应急响应的绩效是管理制度、工作态度、执行情况、设备器材等多个方面的综合反映。

3. 动态性

动态性指绩效是随着时间、环境的变化而变化的。首先，任何系统都会随着时间、空间的转移发生变化，这种变化本身所带来的不确定性和复杂性就是风险研究的内容。其次，特定的组织运行都有自身的运行周期，这种周期性的变化给组织和个体所带来的同样是变化。最后，动态性还体现在组织内部以及组织与其所生存的环境之间时刻存在着信息和能量的交换。

二、绩效评估的内涵

社区认知与应急响应的绩效评估是随着化工企业责任关怀的发展而提出的，是对企业社区认知与应急响应实施情况的评估。绩效评估具有计划辅助、预测判断、监控支持、激励约束和资源优化等功能，通过评估绩效可以改进激励机制、竞争机制、监督机制和责任机制。要提高绩效，首先要了解和评估现有绩效水平，在此基础上对企业整体社区认知与应急响应绩效进行改善和提高。

1. 绩效评估的意义

由于人为、技术或自然的原因，当化工企业突发事故不可避免的时候，提高应对事故的能力，完善应急救援体系，采取高效的应急救援行为，就成为化工企业和相关社区抵御事故风险、控制事故蔓延、降低事故后果的关键甚至是唯一手段。随着化工企业的迅速发展和化工事故后果的日益严重，加强化工企业和相关社区应急能力建设，开展社区认知与应急响应绩效评估具有实际意义。

（1）开展社区认知与应急响应绩效评估有利于促进化工企业和相关社区应急管理能力的提升，安全管理工作更加规范化、科学化，引导企业和相关社区建立良好的安全应急管理体系。

（2）开展社区认知与应急响应绩效评估有利于更好地评价应急响应时具备的优势和劣势，了解面临的危机和挑战，从而明确安全管理的侧重点。

（3）开展社区认知与应急响应绩效评估有利于找出现有应急能力与期望水平之间的差距，从实际情况出发，指定切实可行的改进措施，提高整体的安全应急能力。

2. 绩效评估的原则

（1）注重过程性　社区认知与应急响应的绩效管理（图 6-1）应当注重过程管理，它不仅涉及一套既定的方法程序，更涉及管理系统内从个体到部门再到企业层面绩效改善行动，

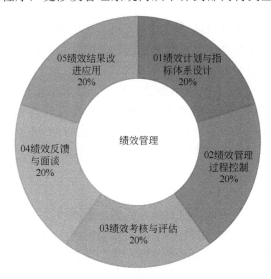

图 6-1　绩效管理的构成

遍及整个应急管理的始终。与目标管理相比,绩效管理更重视体现应急管理系统整体价值的绩效指标,因此,社区认知与应急响应绩效评估包含了从"试图达成某项目标"、"如何达成"到"是否达到目标"的系统化过程。

（2）注重科学性和有效性　围绕绩效评估目的,设计适应企业社区认知与应急响应管理实际的评估方案,进一步优化评估流程、完善指标体系、细化评分标准、设置奖惩措施。指标体系要避免过多的人为主观性影响,通过客观、可量化的指标反映社区认知与应急响应水平。同时考虑指标间的逻辑关系,突出重点又系统均衡。

（3）注重客观性和公正性　构建公平公正的评估体系,通过全方位、可量化的考核体系设计,力求客观公正地反映企业社区认知与应急响应情况,使得绩效评估结果具有较高的可比性。在评价过程中也可以引入一些跟企业没有直接利害关系的专家,如咨询机构的人员、相关技术专家、社区工作人员等,他们作为局外人往往不会受既定的观念影响,可能从新的视角发现新问题。

三、相关理论方法

1. 目标管理考核法

目标管理考核法作为一种成熟的绩效考核模式,始于管理大师彼得·德鲁克的目标管理模式。迄今已有几十年的历史,如今已经用于各行各业。

目标管理考核法的优点:

（1）促进组织内建立和谐的人际关系。目标的设定是上级与下级沟通交流达成的,而且在修正和考核当中也要沟通,对于组织内员工间的人际关系的改善是很有帮助的。

（2）目标管理中的绩效目标易于考核和分解。在实行目标管理中,往往是把绩效目标进行相对应地分解,从组织总体的目标分解至部门,再从部门分解至个人,责任和权利明确好。

（3）公开性好。考核是基于为部门和员工设定的目标,所以在考核上完成的成效如何,完成的程度如何,完成的量大小,是公开公平的,不存在过多的人为主观成分在里面。

目标管理考核法的缺点:

（1）设定的目标可能存在异议。目标的设定是上级与下级沟通,共同确定的,所以难免存在讨价还价的现象,设定的目标大小可能会受到人情关系的影响。而且有时会发现具体设定多大的目标,存在一定的不确定性。

（2）导向性行为不够充分。在达成目标的过程中,对下级或下属部门的指导往往被忽视,有时会出现只要结果,不要过程的现象。在管理当中,管理的过程和结果同样重要。

（3）设定的目标基本是短期目标,易忽视长期目标。目标管理是针对短期的目标居多,考核有一定的可操作性,但在长期性的目标上,却是短期内很难考核的。

2. KPI 考核法

KPI 考核是通过对工作绩效特征的分析,提炼出最能代表绩效的若干关键指标体系,并以此为基础进行绩效考核的模式。KPI 必须是衡量组织实施效果的关键指标,其目的是建立一种机制,将组织战略转化为组织的内部过程和活动,以不断增强组织的核心竞争力和持续地取得很高的经济效益。

KPI 考核法的优点:

(1) 有利于组织利益与个人利益达成一致。
(2) KPI 提出客户价值理念。提出为组织内外部客户实现价值的思想，对于组织形成以市场为导向的经营思想是有一定的提升作用。
(3) KPI 提出组织目标要明确，有助于组织战略目标的实现。KPI 层层分解组织的战略目标，通过 KPI 指标的整合和控制，使员工绩效行为与组织目标要求的行为相吻合，不至于出现过大的偏差，有力地保证了组织战略目标的实现。同时，策略性的指标分解，使组织战略目标成为个人绩效目标，员工个人在实现个人绩效目标的同时，也是在实现组织总体的战略目标，实现组织与个人共赢。

KPI 考核法的缺点：
(1) KPI 并不是针对所有对象都适用。
(2) KPI 会误导考核者误用机械式的考核模式。过分地强调考核指标，而没有考虑人为因素和其他弹性因素，会产生一些考核上的争端和异议。
(3) KPI 指标难界定。KPI 倾向于定量化指标，如果没有运用专业化的工具和手段，很难界定定量化的指标是否真正对绩效产生关键性的影响。

3. 360 度综合考核法

通过全方位考核或全视角反馈，被评估部门的上级、同级、下级和服务的客户等对他进行评价，通过评价知晓各方面的意见，来达到不断提高的目的。360 度综合考核法是一种日益流行的涉及组织内外来源的多层面信息的评价方法。

360 度综合考核法的优点：
(1) 激励部门提高自身全方位的能力。现行考核要素是多元化的，对部门要求比较高，要取得好的考核成绩，各方面都要严格要求，360 度综合考核法有利于促进部门的全面快速成长。
(2) 考核误差降低，考核结果有效。考核的主体是多元化的，在考核结果上就显得相对比较公平，更容易让人接受。
(3) 使部门重视绩效考核。多个主体参与考核，调动了众多部门的资源和人员，所以从整体绩效管理来讲，对于部门重视考核有一定推动作用。

360 度综合考核法的缺点：
(1) 定性成分高，定量成分少。反映一个部门业绩高低和优劣，在一定程度上是要根据具体产生的定量化的绩效来衡量，定性化的考核带有很大主观性，定量化的指标应比定性化的指标要多一些才能真正反映绩效水平。
(2) 部门岗位数量和性质不同，可能会产生一定的不公平现象。
(3) 考核成本较高。绩效考核牵涉到人力资源和其他资源比较多，周期长，时间成本和工作损失必然存在，总体显性和隐性的成本总和比较高。

第二节 建立绩效评估机制

企业应建立绩效评估长效机制，对责任关怀管理体系中社区认知和应急响应实施细则各要素的落实情况定期进行评估。绩效评估不仅关注绩效结果,更关注工作过程,促进企业的可持续发展。绩效评估机制实质上是绩效动态管理过程,包括四个环节:绩效计划、绩效实施、绩效考核、绩效反馈与结果运用,如图 6-2 所示。

图 6-2　绩效管理流程图

承诺责任关怀的企业应当建立绩效评估制度,对照准则确定考核目标,并根据岗位职责将目标分配到每一个岗位。在实际工作中,一个优秀的绩效考核制度可以防止企业的社区认知和应急响应工作流于形式,从根本上帮助企业和个人达成责任关怀的目标。制定绩效考核制度时需要根据企业的实际情况,确保有效性和可操作性。Y 公司管理制度框架及编制规范见表 6-1。

表 6-1　Y 公司管理制度框架及编制规范

制度框架	编制规范
绩效考核制度名称	制度名称应该简洁、凝练,具体命名方式可以是受约单位/个人+内容+文种
第一章　总则	
第 1 条	绩效考核制度的总则设计
第 2 条	包括指定该制度的目的、依据的法律法规及内部制度文件。绩效制度适用的范围,约束主要对象和行为,相关名称术语的解释说明,员工的岗位职责描述等
第 3 条	绩效考核制度的正文设计
第二章	
第 1 条	① 主体部分是制度的详细分解 ② 分解的条目应该全面并且合乎逻辑,语言简洁无歧义 ③ 按具体事项流程分章分条列明
1.	
2.	绩效考核制度的附则设计
(1)	① 为了增强考核制度的严肃性,需要说明运行、修正该制度的时限 ② 补充说明制定、修改、审批该制度的人员,制度生效的日期和相关前提条件
……	
第 X 条	绩效考核制度的附件设计
第 X 条附则	
第 X 条	绩效考核制度实施过程中需要用到的表格和相关文件
第 X 条	
附件	

一、绩效计划（plan）

绩效计划是绩效管理的基础和前提。社区认知和应急响应的终极目标是尽可能增强相关社区的互动，尽可能降低事故后果的严重程度。绩效目标的设定需要遵循明确、可衡量、可达成、与组织目标有关以及有时间范围限制这五个原则。

通常承诺实施"责任关怀"的化工企业，以单独的领导小组为实际实施机构，采用责任关怀报告的形式，企业内部的每个行为对照"准则"形成自律，具有：指导原则、管理原则、验证评价原则等多个方面的形式特征。具体来说，就是要把一定时期内完成的安全指标任务，作为目标分解到企业各部门，即安全管理绩效目标层层分解，如图 6-3 所示，横向到边，纵向到底，安全指标能够完全落到基层操作人员身上。

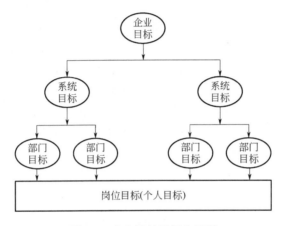

图 6-3　安全绩效目标分解图

二、绩效沟通与辅导（do）

责任关怀的安全绩效管理强调员工参与，把完成和加强安全绩效管理作为管理者与员工的共同责任。当员工只知其然，不知其所以然时，由于缺乏对安全绩效管理方案本身的充分了解，往往不能根据实际情境随机应变。如果要在安全管理过程上真正发力，那么安全绩效沟通就显得尤其重要，而且沟通必须贯穿安全绩效管理的始终。设定安全绩效目标、记录安全绩效表现、辅导与沟通、绩效评估、结果反馈与运用都离不开沟通。它包括正式沟通，也包括非正式沟通。如"安全检查""书面通知""安全会议""定期通信""个别接触""宣传活动""走动管理时的及时表扬"等都是安全绩效沟通的具体办法。选择合适的沟通方式不仅使安全绩效管理更具影响力和时效性，而且也强化了安全管理效果，减少了事故发生可能性。

 知识拓展：

绩效沟通方式（表 6-2）。

表 6-2　绩效沟通的方式

正式沟通	书面沟通	书面沟通是企业中经常使用的沟通方式，既可以定期也可以不定期进行。书面报告中可以用文字和图表结合的方式，主要的形式有工作日志和生产统计表
	会议沟通	相比于书面沟通无法面对面交流的缺点，会议沟通可以很好地接收和反馈信息，满足团队交流的需要
	个别沟通	个别沟通更加具有针对性，在与员工深入交流的同时，又保护了员工的隐私

续表

非正式沟通	走动式管理	走动式管理比较常用且容易奏效，通过在工作区的走动和不定时的交流可以直观地发现员工工作中存在的问题并给予指导，领导的指导和关心会极大地鼓舞和激励员工。但施行过程中要注意避免过多干预，过多干预会造成员工心理上的压力和逆反
	开放式管理	开放式办公是指最大限度地暴露主管人员的办公区域，在不影响主管人员工作的情况下，增加下属员工与主管的接触机会。大多数公司主管人员的办公室会选择不设门，方便员工随时咨询、沟通。开放办公增加了员工的主动性，同时也会使员工明确自己在绩效管理过程中的角色，一定程度上改善团队的氛围
	工作间歇时的沟通	管理者可以利用下班时间与员工进行沟通，一同午餐，或者一起喝酒。但交谈时要注意沟通的方式，避免过多讨论严肃的工作问题。轻松一些的话题更容易让员工放防备，在聊足球、烹饪、家常的时候穿插一些工作问题，更能引起员工交流的欲望
	非正式的会议	主要包括部门聚会、员工生日会等各种形式。轻松的气氛可以拉近员工与主管的距离使管理者更容易了解员工存在的问题，同时团队活动中更容易暴露员工和团队存在的不协调因素

三、绩效评估（check）

所有承诺责任关怀企业实施一个阶段后，要对准则的执行情况进行综合绩效考核和验证评估。责任关怀的绩效评估应当定期进行，不同层级的绩效评估需要选择不同的绩效评估周期。每年至少进行一次企业层面的综合评估，以年度报告的形式向社会公布各项准则的实施情况；如果是部门层面的指标，可以选择年度加季度的评估周期；如果是岗位层面的指标，可以选择年度加月度的评估周期。

 知识拓展：

绩效评估周期

实际操作过程中，企业级的绩效考核不仅需要做年度评估还要做半年度评估。部门级的指标考评周期需要做季度评估加年度评估，班组员工的绩效评估周期需要做年度评估加月度评估。评估频率越高说明公司对绩效评估抓得越严格，但同时工作量也越大。不同的考核评估有着不同的优缺点，具体如表 6-3 所示。

表 6-3 绩效评估频率对比

绩效考核频率	优点	缺点
1 个月	能够及时反馈日常工作信息	人力物力成本过大
3 个月	成本投入相对较少，能够较及时提供绩效反馈	无明显缺点
半年	与半年的目标制度相配套	不能及时反馈日常信息
1 年	与年底的各项工作配套	信息反馈不及时，绩效数据滞后

评估周期除了与管理层级有关之外，还与企业管理水平、绩效指标的类型有关。如果管理水平高，管理系统先进，就可以适当地加密绩效评估周期。如果管理相对落后，还靠传统的纸质管理，就可以适当地拓展绩效评估周期。同时绩效评估周期还与绩效指标的类别有关，KPI 量化指标适合做月度评估，而 NNI 否决指标就不适合做月度评估。

 应用案例：

Y 公司的绩效考核分为月度考核、季度考核和年度考核 3 种。对于化工班组基层员工的考核，应该选择年度考核加月度考核的考核周期。月度考核的统计数据应该在次月月初提交。具体考核时间如表 6-4 所示。

表 6-4　Y 公司绩效考核时间安排表

考核时间	考核类别	实施考核开始时间	考核结束时间	考核对象
1 月 1 日～12 月 31 日	年度考核	1 月 10 日	1 月 25 日	全体员工
每个季度	季度考核	下一季度前 15 天		全体员工
每个月	月度考核	次月月初前三天		生产人员

绩效评估，可以是企业组织的采用责任关怀自我评估表进行半定量化的自我评估，也可以是有第三方介入根据企业提供执行责任关怀各项准则情况的评估。

四、绩效反馈与结果运用（action）

绩效反馈与结果运用（图 6-4）是责任关怀绩效提高的关键。企业领导者应该对绩效评估的结果进行讨论、分析，并将成果的经验或措施用书面形式固定下来，纳入未来的责任关怀工作中，以巩固取得的成绩。企业根据安全绩效评估结果发现安全管理系统的薄弱点，为安全绩效管理的持续提升提供依据，如图 6-5 所示。例如，根据评估结果判断应急响应、安全教育、安全规章制度是否存在缺陷；现有安全教育培训内容是否过时等。对评估过程中发现的问题应及时进行跟踪和整改，对构成隐患的原因进行分析，制定可行的整改措施，并对整改结果进行验证。

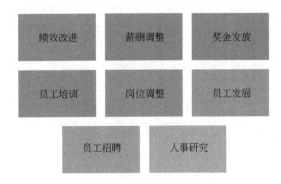

图 6-4　绩效考核结果应用

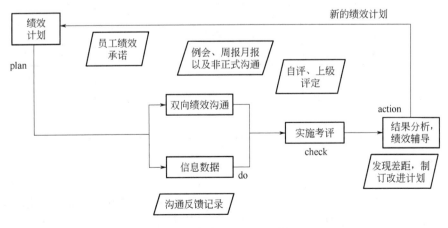

图 6-5　绩效改进 PDCA 循环

第三节　绩效评估方案设计

一、评估对象

承诺实施"责任关怀"的化工企业,以单独的领导小组为实际实施机构,采用责任关怀报告的形式,对企业内部的每个行为对照"准则"形成自律,具有:指导原则、管理原则、评价原则等多个方面的形式特征。

二、评估内容

为了督促化工企业真正落实责任关怀-社区认知和应急响应准则中各个要素,推进"责任关怀"理念和措施在行业中的实施,促进石油和化学工业科学健康可持续发展,特制定社区认知和应急响应评估表(表6-5),供企业自评或第三方评价。

表6-5　社区认知和应急响应——自我评估

序号	评估内容	无行动	计划	执行	落实	再评估
1	企业与社区建立快速有效的联络渠道,并保持其畅通,联络与沟通应有书面的记录					
2	对负责和社区交流的相关人员提供培训					
3	制订"社区认知计划",就关注的健康、安全和环保问题进行评估和公示					
4	评价事故或其他紧急状况对员工和周围社区造成危害的潜在风险,制定包括应急预案在内的各种有效风险防范措施					
5	明确应急组织机构、组成人员和职责划分,规定应急状况下的预防与预警机制、处置程序、应急保障措施以及事后恢复与重建措施等内容					
6	制定本企业综合应急预案、专项应急预案及现场应急预案					
7	将应急救援预案报当地安全生产监督管理部门和有关部门备案,并通报当地应急协作单位					
8	参与建立完善的社区应急响应计划,使社区公众知晓在企业紧急情况下的应急措施以及可能获得的援助					
9	将企业的各种应急预案与社区进行交流和沟通					
10	定期开展应急演练,并配合和参与社区的相关应急演习					
11	按国家有关规定配备一定的应急救援器材,并保持完好					
12	建立应急通信网络,并保证畅通					
13	在存在有毒有害因素岗位配备救援器材,并进行经常性的维护保养,保证其处于良好状态					
14	建立明确的事故报告制度和程序					

三、评估标准

对实施准则中的每一条款在企业中的执行情况,根据评估表中给出的判定标准,划定一定分值(1分至100分)。再把一项实施准则的所有条款的得分值进行加权平均,根据平均值

（验证评估栏）进行评价判定该项实施准则的执行状况。一般分四个级别：
① 优秀：A≥90 分
② 良好：B≥75 分
③ 及格：C≥60 分
④ 不及格：D＜60 分

四、评估流程

评估流程（表 6-6）包括确定绩效评估目标、确定绩效评估标准、资料搜集与绩效辅导、绩效评价、评价结果的应用与反馈。

评估结果，可用于申请资源优化工艺、改技术、实行更广泛培训计划，以改善企业在责任关怀方面的绩效。

表 6-6　企业绩效评估管理流程

步骤	名称	具体操作内容
第一步	确定绩效评估目标	明确企业战略目标、部门目标、个人目标
第二步	确定绩效评估标准	分层次设置绩效评估标准
第三步	资料搜集与绩效辅导	搜集绩效评估数据及其他支撑材料
第四步	绩效评价	得出评估结果并予以公布
第五步	评价结果的应用与反馈	成员奖惩、培训；绩效评估结果申诉

第四节　案例分析

案例 1　HEMPEL 公司 KS 工厂安全绩效实施情况

1891 年，HEMPEL 公司在丹麦成立，主要经营业务为脂肪酸衍生物、合成树脂添加剂、表面活性剂、功能性高分子、化妆品原料、聚丁烯、有机硅等化学品的应用与开发。业务范围涵盖食品原料、医学相关产品、电子材料、化学中间品等领域。历经百年的发展，该公司在市场中具有举足轻重的作用，是该行业的领头羊。在该集团的发展历程中，提出了诚信、安全、质量、可持续发展、技术等核心价值观，这也是基层员工进行安全生产时必须要遵循的基本准则。

1. 企业概况

该企业 1997 年进入中国市场，为中国及其他亚洲国家提供高质量的化工产品，目前市场份额在稳定增长。注册成立了 KS 工厂，主要为我国的造船、纺织、个人护理类产品、电子、建筑、塑胶塑料等行业提供产品和服务，其拥有先进的生产技术，所生产的产品受到客户的欢迎。

KS 工厂目前拥有员工 177 人。HEMPEL 公司 KS 工厂组织架构如图 6-6 所示，由图 6-6

可知，HEMPEL 公司 KS 工厂当前共设立八个职能部门，分别为行政部、安健环管理部、财务部、人力资源部、技术部、维修部、生产部、物流及仓储部。

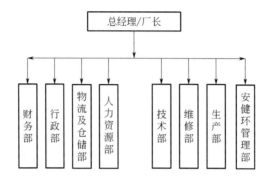

图 6-6　HEMPEL 公司 KS 工厂组织架构图

2. 安全管理体系（OHSMAS）

从 HEMPEL 公司的核心价值观中可以看出，该公司在生产过程中非常重视安全问题。20 世纪 90 年代初，HEMPEL 公司就已经建立起较为完善的安全管理体系，随后积极投身于责任关怀组织的工作当中。20 世纪 90 年代中期，HEMPEL 公司加入了 AICM，即国际化学品制造商协会。2004 年，HEMPEL 公司为实现可持续发展，提升经营业绩，在责任关怀组织的带领下，整合了 OHSAS18000、ISO14001、ISO9000 和 RC114000，提出一种全新的安全管理系统 OEMS，即运营先进管理系统，并在 2006 年，在所有的子公司中推行该系统。KS 工厂也不例外，2007 年下半年，KS 工厂全面贯彻落实 OEMS 的子系统 OHSMAS。2008 年，KS 工厂结合我国的实际情况和 OHSMAS 的使用效果，进一步结合 GB/T 28001 系统对 OHSMAS 进行了改善，并在同年开始全面实施改善后的安全系统。

从整体上看，HEMPEL 公司 KS 工厂 OHSAS18001 安全管理体系包含 17 个要素，从 OHSAS18001 安全管理体系运行模式来说，职业健康安全管理体系得以正常运行的基础是 PDCA 模式（戴明模式）。PDCA 模式将一个活动划分为四个部分：计划（plan）、行动（do）、检查（check）改进（action）。

3. 安全绩效实施情况

结合 OHSAS18001 安全管理体系的要素，2013 年 HEMPEL 公司 KS 工厂建立了全球安全绩效考核指标，其指标为财产事故率（PIR）和职业伤害率（OIR）。PIR 和 OIR 是衡量财产损失和员工伤害的相对指标，用相对集中明确的考核数据（结果导向）来衡量工厂安全管理理体系的有效性。

PIR 是用来衡量企业发生事故时，造成的财产损失，计算公式为：

PIR=企业年度财产损失事故数×20 万小时/企业全体人员年度工作时长

注：这里用到的财产损失事故是指二级及以上的火灾事故、运输事故、环境事故等。

OIR 是用来衡量企业发生事故时，造成的人员伤害，计算公式为：

OIR=企业年度人员伤害事故数×20 万小时/企业全体人员年度工作时长

注：这里用到的人员伤害事故是指二级及以上的人员伤害事故。

需要特别指出的是，一、二、三、四级事故在火灾的财产损失是从安全事故造成的经济效益的损失这个角度来考察的,而化学品泄漏及环境影响是从安全事故对环境效益的损失这个角度来考察的,按照现有的事故分类,死亡一人算三级事故。2013—2017 年 HEMPEL 公司 KS 工厂年度安全绩效指标如图 6-7 所示。

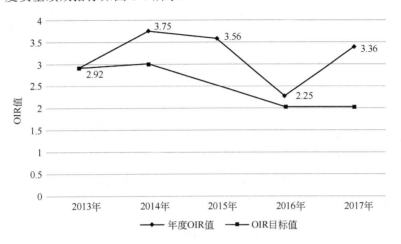

图 6-7　HEMPEL 公司 KS 工厂历年 OIR 趋势

2014 年下半年,HEMPEL 公司 KS 工厂开始推行安全管理体系。2015 年,安全管理体系在 KS 工厂内全面而有效地实施。HEMPEL 公司 KS 工厂 2015 年的 OIR 与 2013 年相比,有所增长,但 2014 年相比,呈下降趋势。2017 年的 OIR 值与 2013 年相比增长了不少,与 2014 年和 2015 年相比有明显降低趋势,但与 2016 年相比,增长了许多。因此,从图 6-7 中可以看出,对 KS 工厂来说,实施安全管理体系前后,OIR 并没有明显地减少,即安全绩效没有明显的提高。两者之间的关系为:职业伤害事故率下降就意味着安全绩效的提升。在 2015 年前后时间段,该数值有一定的波动,并且 HEMPEL 公司 KS 工厂连续四年均没有实现总部设定的安全绩效目标。

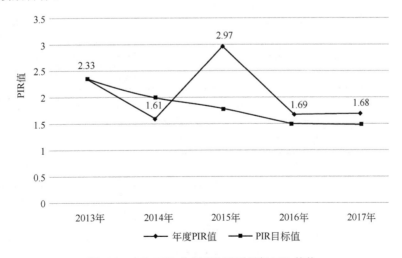

图 6-8　HEMPEL 公司 KS 工厂历年 PIR 趋势

HEMPEL 公司 KS 工厂的 2015 年 PIR 实际值与 2013 年、2014 年相比有所上升,2016 年与 2013—2015 年的数据相比呈下降趋势,2017 年的 PIR 值与 2013—2015 年的数据相比,有明显的减少,但与 2016 年的数据值相差较小。因此,从图 6-8 可以看出,当 HEMPEL 公司 KS 工厂实施安全管理体系以后,持续一段时间内财产损失事故率(PIR)的安全绩效实际值有所下降但并不明显,需要指出的是,财产损失事故率不等于安全绩效,两者之间的关系为:财产损失事故率下降就意味着安全绩效的提升。2015 年呈上升事态。在 2014 年之后 HEMPEL 公司 KS 工厂连续三年均没有实现 HEMPEL 公司总部设定的安全绩效目标。

案例 2　天原集团安全管理绩效评价指标体系

天原集团 1944 年创立,是中国有着 62 年悠久发展历史的最早一批氯碱化工企业之一,氯碱化工在西南地区也占据绝对优势。主营业务包括了氯碱化工、精细化工、建筑材料、无机盐化工、造纸产业等。

天原集团制定了一套适合目标企业的安全管理绩效指标体系,见表 6-7。通过加强企业的安全管理来提升企业整个绩效管理。

表 6-7　天原集团安全绩效评估指标体系

归属维度	一级指标	二级指标	说明
外部管理 A	事故指标 A1	损失工作日天数 A12	以工作导致的各类人身伤害损失的总工作日
		损失工作日事件次数 A13	造成第 2 天不能上班的职业伤害或疾病事件次数
		未遂事故数 A15	发生小事故但没有造成人身财产损失的事故
	个人防护-机械设备-作业环境的状况 A2	员工对安全管理的提议及采纳程度 A21	员工对公司内部安全管理法则的提议及对最终确定法则的接纳程度
		员工安全意识和安全态度 A22	员工在操作过程中自身的安全意识高低以及安全态度
		设备日常的定期检查维修和保养情况 A23	
		个人防护用具定期检查 A24	包括防护面具、防护服等防护用具防护性能的定期检查
		特种设备专人操作 A25	对于具有化学或是物理危害的设备需要确认有专门的技术人员来操作
		作业场所环境质量 A26	对作业场所环境有具体要求的,要严格按照要求执行
财务 B	安全投入 B1	安全收入增长 B11	确定年度总的安全收入目标,确定较上年度增长百分比
		控制安全运营总成本 B13	安全经费投入占比,即本年安全经费占总经费比例
内部流程 C	管理者承诺 C1	合理资源配置类问题的解决落实率 C11	管理者就有关安全管理资源合理配置问题落实程度
		制定安全方针与目标 C13	管理者就企业自身情况制定的符合企业特色的安全管理制度
		定期与员工沟通 C14	
	安全管理职责与制度 C2	安全管理体系制度的规范 C21	导入现代安全管理体系,并对公司安全目标运行的流程进行改造
		长、短期关键安全行动计划 C22	根据公司发展战略制订的长、短期安全管理计划
		安全管理组织专业人员配备 C23	
		安全目标完成情况 C24	

续表

归属维度	一级指标	二级指标	说明
内部流程 C	作业现场监督检查 C3	安全设备启动次数 C31	在常规作业中，安全设备运行的次数
		报警及操作响应平均时间 C32	在作业过程中，报警及安全管理设备响起的平均时间
		管理及负责人员现场监督检查 C33	
		安全会议强调日常注意事项 C34	对于作业现场的安全会议
		发现问题及时处理并持续改善 C35	
	应急管理 C4	启动、关停设备失效次数报警数量 C41	在遇突发事故时关停安全管理设备的报警数量
		应急演练工作执行率 C42	安全应急演练次数占总演练次数的比例
		宣传普及应急安全知识 C43	宣传普及应急安全知识的执行力及程度
		应急救援设施、设备 C44	对安全应急救援设施、设备按时检查更新的程度
		应急救援培训 C45	对一线操作工人应急救援培训的执行情况
		应急预案合理性改进 C46	对应急预案的合理性定期改进的执行情况
	事故管理 C5	事故涉及范围及后果进行严重程度区分等级 C51	对公司发生的事故进行严重程度等级区分
		调查情况及处理情况报告 C52	
		累计事故经验消除已有危险源 C53	定期总结事故经验并且全范围排查类似危险源
学习与成长 D	安全与健康培训 D1	作业运行安全教育培训执行率 D11	对员工进行作业运行安全教育定期培训执行情况
		安全培训实际效果 D12	
		员工健康检查情况 D13	
	危险源回顾及事故预防 D2	从已发生事故中学习危险源辨识 D21	定期总结已发生事故经验并积极排查公司内存在的危险源
		制定危险源控制措施 D22	

本章小结

团体标准《社区认知和应急响应实施细则》中明确规定企业应建立绩效评估长效机制，对责任关怀管理体系中社区认知和应急响应实施细则各要素的落实情况定期进行评估。

本章首先介绍了绩效评估的基本概念及其特征，明确了绩效评估的内涵，介绍了几种常用的理论方法，包括目标管理考核法、KPI 考核法、360 度综合考核法等。其次，介绍了绩效评估机制的主要内容，重点包括四个环节：绩效计划（plan）、绩效实施（do）、绩效考核（check）、绩效反馈与结果运用（action）。承诺责任关怀的企业应当建立绩效评估制度，不仅关注绩效结果，还更关注工作过程，促进企业的可持续发展。最后，是责任关怀中社区认知和应急响应内容的具体评估方案设计，明确了评估对象、评估内容、评估标准和评估流程等内容，为化工企业开展绩效评估提供参考。本章引入了两个案例分析，在对 HEMPEL 公司安全绩效实施情况进行前后对比后发现，绩效评估可以有效帮助企业提升安全管理水平。

/ 拓展阅读

没有安全就谈不上关怀，没有落实就谈不上安全

在责任关怀体系中，安全是最重要的一环。专家说："责任关怀也好，安全生产也好，都带有管理的色彩，都要不断改进，不断提高，安全管理永远在路上。"专家认为，越来越多的企业朝着自动化、智能化的方向发展。但不管如何发展生产，都要把安全作为第一要务，"没有安全就谈不上关怀，安全是我们的底线"。"'责任关怀'首先就是要保障员工安全和职业健康，特别是化工企业。"专家说，从最初家庭作坊式的小企业，到现在的规模化生产企业，对安全的要求越来越高，员工的工作环境也不断得到改善。安全管理出色的杜邦公司为了表明化工企业是安全的，特意把住宅区建在化工园区中间。"如果企业自己都觉得不安全，怎么能产出安全优质的产品？"在专家看来，任何风险都是可控的。现在，人们衣食住用行都离不开化工行业，因此更要倡导安全化工和清洁化工，企业要对社会公众负责，大力倡导诚信、自律，严格落实企业主体责任。

"责任关怀"对企业提升安全、环保、职业健康等方面的管理水平具有很强的借鉴意义，在我国化工领域经过十多年的实践收到了良好的效果。政府有关部门及行业协会应借鉴国内外化工行业的先进经验，推动企业更好地践行绿色发展、安全发展理念。谈起自己十年来的坚持，专家感慨地说："之前已经连续提了九年，有关部门的答复也比较让人满意。但相关部门的重视程度和企业推广'责任关怀'的效果还不甚理想。当前，全国石化行业真正承诺实施'责任关怀'的只有450家（个）企业（园区）。中国有那么多家石化企业，这个比例太小了。"

专家建议，将"责任关怀"纳入企业评优评先的先决条件，建立企业（园区）落实"责任关怀"要求的激励机制，对践行"责任关怀"并着力推广"责任关怀"的典型企业进行重奖，给予税费减免、银行融资、企业债发行等多方面的便利。专家认为，任何一个新事物的推广都需要时间和信心。"我们不是做只存在三五年的企业，不是只做一辈子，而是几代人共同努力做事业。虽然'责任关怀'现在没有得到广泛认可，但只要一直坚持下去，就一定会被社会接受。"

/ 思考题 /

1. 开展绩效评估的意义有哪些？
2. 为什么承诺责任关怀的企业应当建立绩效评估机制？
3. 通过查阅资料或实地调查，了解一家企业是否建立绩效评估机制，采用了怎样的绩效评估方法。

练习题

1. 绩效具有 _____、_____ 和 _____ 的基本特征。
2. 绩效评估机制实质上是绩效动态管理过程,包括四个环节:_____、_____、_____、_____。
3. _____ 是绩效管理的基础和前提。
4. 企业应按照本文件要求,结合责任关怀其他实施要求或者其他管理体系,每年至少进行_____管理评审,实现_____。

参考文献

[1] 张圣柱，王旭，魏利军，等. 2016—2020 年全国化工和危险化学品事故分析研究 [J]. 中国安全生产科学技术，2021，17（10）：119-126.

[2] 广东省安全生产科学技术研究院. 危险化学品风险防控与应急管理 [M]. 广州：华南理工大学出版社，2021.

[3] 陈国华. 化工园区安全生产应急管理实务 [M]. 北京：中国石化出版社，2017.

[4] 中国化学品安全协会. 化工（危险化学品）企业安全管理人员安全管理知识问答 [M]. 北京：中国石化出版社，2018.

[5] 王升文，沈发治. 化工安全管理与应用 [M]. 2 版. 北京：化学工业出版社，2019.

[6] 邹修文. CM 化工公司安全管理体系改善研究 [D]. 镇江：江苏大学，2019.

[7] 曾明荣，吴宗之，魏利军，等. 化工园区应急管理模式研究 [J]. 中国安全科学学报，2009，19（02）：172-176.

[8] 朱彬. R 公司安全生产管理体系构建研究 [D]. 青岛：青岛科技大学，2018.

[9] 刘欢. 基于责任关怀理念的化工企业安全管理研究 [D]. 北京：北京化工大学，2018.

[10] 刘美英. 典型中小化工企业的安全管理模式研究 [D]. 长沙：中南大学，2007.

[11] 曹惠民. 城市公共安全治理绩效研究 [M]. 徐州：中国矿业大学出版社，2017.

[12] 杜映梅. 绩效管理 [M]. 北京：对外经济贸易大学出版社，2003.

[13] 张进，韩夏. 绩效评估与管理 [M]. 北京：中国轻工业出版社，2009.

[14] 黄卫荣. 基于安全绩效提升的 HEMPEL 公司 KS 工厂安全管理体系的改善研究 [D]. 南京：东南大学，2019.

[15] 李欣. T 化工企业安全管理绩效多维指标评价方法及应用研究 [D]. 南京：南京信息工程大学，2021.

[16] 储胜利. 炼油化工企业应急预案编制与优化实践 [M]. 北京：石油工业出版社，2019.